増補版

さらば、哀しみのドラッグ

水谷 修

Mizutani Osamu

高文研

✻——もくじ

Ⅲ　あふれるドラッグ

Ⅳ　ドラッグのウソ、ホント／これは本当でしょうか？

装丁＝商業デザインセンター・松田礼一
カバー写真＝疋田　千里

はじめに

みなさんは、薬物（ドラッグ）ということばを聞いて何を考えますか。この本を読むほとんどのみなさんにとって、自分には全く無縁《むえん》の恐ろしいものでしょう。しかし、今、みなさんのまわりには数多くの種類の、しかも多量のドラッグがその魔の手を広げてみなさんを捕《つか》まえようとしています。また、みなさんの仲間である多くの高校生や中学生たちが、もうすでにこの魔の手に捕《と》らえられています。

私は今から二四年前、高等学校の教員となりました。そして教員生活の大半をみなさんから一番嫌われる生徒指導の仕事をしてきました。みなさんはきっと一度や二度は、生徒指導の教員に注意をされたり、怒られたりした経験があるでしょう。でも、私は変わり者の教員で、教員生活の中で、一度も生徒を怒ったことはありません。そのせいか、私の周りにはいつも多くの友人としての高校生たちがいました。

私は今から一六年前、横浜にある定時制高校、夜間高校の教員となりました。赴任した私は唖然《あぜん》としました。学校の中をバイクが走り回り、学校の中で覚せい剤やシンナーが売られる……、若者に関するありとあらゆる問題がその学校には存在しました。非行、触法《しょくほう》行為、犯罪……強盗をして警察に捕まった若者もいます。窃盗《せっとう》を繰り返し、少年院に送致《そうち》された若者もいます。売春を繰り返し、ひどい病気をうつされ、子どもの産めないからだになってしまった少女もいます。

楽しかった思い出もありますが、私の場合、定時制高校、夜間高校での思い出は、哀しい思い出のほうがはるかに多いのです。その中で、私が最も脅威《きょうい》を感じ、最も恐れ、最も強くたたかうことになったのが、ドラッグの問題でした。売春、窃盗、強盗、さまざまな犯罪行為や非行は、一度一〇代で犯したとしても、愛する家族を持ち、愛する子を持てば、更生することができます。私が関わった多くの、触法行為や犯罪行為を犯した子どもたちは、今、暖かい家庭を持ち、私のところに赤ちゃんや子どもを連れて遊びに来てくれる。幸せな顔を見せてくれます。

でも、ドラッグだけはそうはいきません。薬物依存症について、専門家はこう言います。「多少の回復はあっても、治ることのない病だ」と。ドラッグはその一回、一回の乱用が、脳や神経系を直接壊していきます。その結果、一生、取り戻すことのできない傷を脳や神経系にもたらしてしまう。私は多くの大切な若者たちをドラッグによって失いました。ドラッグとのたたかいは、夜間高校に勤務した時から一六年に及びます。この一六年のたたかいで、哀しいことに四〇の尊い命を失いました。今、私がドラッグの問題で関わっている子どもたちは、数千人に及びます。日本各地の仲間の施設やあるいは病院で明日を夢見て、なんとか回復を願っていますが、そのほとんどの若者たちに明日は見えません。

❖「第六次薬物汚染期」が始まった

一九九八年一月、警察庁は、日本が「第三次覚せい剤乱用期」に突入したと宣言しました。しかし、私には遅すぎた対応に思えます。また、この「第三次覚せい剤乱用期」ということば自体が、私には不十分で責任転嫁《せきにんてんか》をしていることばに思えます。

私はすべての薬物（ドラッグ）は同列に扱われるべきだと考えています。このドラッグ汚染という面から日本を見ていくと、「第三次覚せい剤乱用期」は「第五次薬物汚染期」になるのです。このドラッグ汚染の歴史は本文で詳しく説明します。

また、「乱用期」という言い方は、何かドラッグを乱用する人に「お前が悪い」という感じに責任を押しつけている気がします。ドラッグが日本に密輸され、みなさんのもとに出回らない限り、その乱用は存在しないのですから、本当は「汚染期」と呼ばれるべきだと私は考えます。そのため、この本では、私自身の呼び方、「薬物汚染期」ということばを用いていきます。

この「第五次薬物汚染期」の特徴は、高校生を中心とする若者たちの覚せい剤や大麻の乱用であり、現在、都市部を中心として多くの若者たちが薬物の魔の手に捕まっています。しかし、教師や親たちをはじめとして、社会全体がまだまだきちんと現状を理解していません。多くの教師たちはこの事態を、一部の学校の特殊な生徒の問題と認識し、「うちの学校は大丈夫」と何の対応もしていません。親たちも「うちの子にかぎって……」と、この事態を人ごとのように感じています。

それどころか、「寝た子を起こすな」という論理で、みなさんに薬物について指導していくことはかえって薬物に興味を持たせてしまうと、薬物問題に触れることすら嫌う教師や親たちも多いのが現状です。

今や、マスコミや雑誌、本、インターネットなどからの情報で、若者のみなさんのほうが、私たち大人よりはるかに多くのドラッグについての知識を持っているにもかかわらずです。しかも、その知識の多くはドラッグに興味や関心を持たせるような内容が多く、だからこそ正確なドラッグの知識を早急に伝える必要があるのにです。

私は、この一九九八年から始まった「第五次薬物汚染期」に関する政府や専門家、あるいは各地方自治体の撲滅《ぼくめつ》の運動は失敗したと考えています。残念ながら、今はもう、若者たちの間に、大麻、シンナー、覚せい剤、ＭＤＭＡ等の多くの薬物が入っています。ただし、失敗に終わったというよりも、私は二〇〇六年から、新しい薬物汚染期、「第六次薬物汚染期」が始まったと確信しています。非常に恐ろしい薬物汚染期です。今までのように、「ドラッグで遊ぶ」というのではなく、明日を見失い、自らを傷つけたり、死へと向かう子どもたちが、なんとか薬物に救いを求めて、薬物を乱用することによって、脳や神経系、自分の明日が壊れようとそれでもいい、救いを求める、最悪の薬物汚染期が始まったと思っています。「滅《ほろ》び」のための薬物乱用を子どもたち自らがしてしまう、恐ろしい汚染期です。

❖ドラッグは二つの顔をもつ

ドラッグの問題は他の少年非行や少年犯罪の問題と比べて、対処の難しい解決困難な問題です。それはすべてのドラッグが二つの顔を持つことからきています。

ドラッグはどのようなものでも、一つ目の顔として、微笑《ほほえ》みかける天使の顔を持ちます。ドラッグはその乱用の初期の段階では、種類によって程度の差はありますが、充実感や万能《ばんのう》感、陶酔《とうすい》感や快感を必ずもたらします。簡単に言えば、乱用すれば、必ずいい気持ちになるのです。そして、これらの快感は、一度の乱用で脳の記憶中枢《きおくちゅうすう》に刷《す》り込まれ、再度乱用したいという強い欲望を生《しょう》じさせます。

しかしドラッグは、二つ目の顔として、不気味《ぶきみ》に笑う死神の顔を持ちます。どのようなドラッグでも、乱用を繰り返せば、二つの死を迎えることとなります。一つは心の死です。人格を失い、薬物を手に入れるためならば、家族や友人を裏切ることも平気になり、殺人ですら犯すようになります。また、二つ目の死である、肉体の死も迎えることになります。

私が今、関わっている一人の高校生がいます。彼は、とてもまじめで家族思いのスポーツ少年でした。めざす高校への進学に成功したのですが、その高校で思うような成績がとれず悶々《もんもん》としていたとき、街で出会った中学校時代の友人から、

「いいもんあるよ。これを吸えばどんな嫌なことも忘れられるよ」

と、覚せい剤を勧《すす》められました。

彼はその友人の部屋で、覚せい剤をあぶって吸いました。その最初の覚せい剤との出会いは強烈だったそうです。自分がもう万能のスーパーマンになったようなハイな気分で、ギラギラしていたと言います。

彼はその気分になることを求めて、最初は週一回、そのうちに毎日覚せい剤を乱用し続けました。少ない量でより強い効果を出すために、半年後からは注射器で打つようにまでなりました。当然、彼の小遣《こづか》いで十分な量の覚せい剤は買えません。彼は友人から覚せい剤を仕入れ、仲間に売る売人にまでなりました。

こうして一年後には、彼は立派な覚せい剤依存症に陥《おちい》り、夜、覚せい剤による幻覚と幻聴《げんちょう》で暴れている姿に驚いた父親が、私に連絡を入れました。彼は、

「今、お前を殺しに行くぞ」

という声が、頭の中でずっと響《ひび》いていたと言います。

私は彼に三つの道を示しました。一つ目の道は、自分の力で覚せい剤を絶つことで、しかし私の関わった若者でそれに成功した人間はいないことを伝えました。二つ目の道は、私や専門の病院、自助グループの力を借りて、覚せい剤を絶つこと。三つ目の

道は、このまま使い続けて、警察のお世話になるか、死に至るかです。

彼は、

「僕は大丈夫。覚せい剤なんて、一人で止めることができる」

と、私に自信たっぷりに言いました。しかし、今、彼は覚せい剤の密売で八人の仲間たちと警察に捕まり、少年鑑別所にいます。もうすぐ家庭裁判所の審理がはじまりますが、まず間違いなく少年院送致《そうち》となるでしょう。私は、彼にとってはこれで幸せだったと考えています。こうならなければ、彼は確実に死を迎えたのですから。

ドラッグはどんなものでも、一度でも乱用した人間を手放しません。その魔の手で、頭も心もからだも、がんじがらめに捕らえてしまいます。頭では乱用を止めようとしても、心がドラッグを欲《ほっ》します。また、心から乱用を止めようとしても、からだがドラッグを欲します。ここにドラッグ乱用の本当の怖さがあります。

一部の本や雑誌、インターネットのサイトでは、覚せい剤や大麻などの薬物を、使い方さえ間違えないできちんと使っていけば、快感や充足感を簡単にもたらしてくれる非常に良いもののように書いています。たぶん、みなさんも読んだことがあると思います。本当にそうなんでしょうか。

これは二つの意味で完全な間違いです。

確かに、覚せい剤や大麻はタバコやアルコールと比べて、肺や心臓、肝臓などの内臓諸器官への害が少ないといえます。しかし、その乱用は、確実に脳の中枢や神経系を破壊していきます。

私が関わった青年で、五年にわたりマリファナ（大麻）を乱用していたミュージシャン志望の若者がいます。彼は、乱用初期には、マリファナがもたらす幻覚の中で素晴らしい演奏ができたと言います。しかし、マリファナによって神経系をぼろぼろにされ、今や無気力な魂のぬけてしまった存在となってしまいました。時々、不安感から半狂乱になると、家族でも対応できず、精神病院の檻《おり》の中に世話になることとなります。

また、覚せい剤や大麻をはじめ、あらゆるドラッグは、その乱用者に耐性《たいせい》を形成していきます。すなわち、薬物に慣れてしまって、より多くの量を使わないと快感が得られなくなり、同時に、乱用しないと、たまらないほどつらい不快感をもたらすようになるのです。こうして乱用者は乱用を繰り返し、ドラッグなしでは生きることのできない依存症となっていくのです。

私の知っているある少女は、友人とともにアルミホイルの上に覚せい剤の結晶をのせ、あぶってその煙を吸引《きゅういん》し、そのたった一回の乱用で依存症となりました。数カ月後、ベッドの周りを這《は》い回りながら殺虫剤を使う、彼女の異様な姿に驚いた両親が、私に相談してきました。彼女には、覚せい剤による幻覚で、ベッドの周りから無数の虫が這い出しているように見えていたのです。

私は彼女を、薬物依存症の治療を専門に行なっている病院にあずけましたが、退院後、今度は、自分の顔から虫が這い出してくる幻覚を見、剃刀《かみそり》で十数カ所、自分の美しい顔を切ってしまいました。

これが、あらゆるドラッグの本当の姿なのです。確かに、あらゆるドラッグは、その乱用の初期の段階では、その乱用者に確実に快感や多幸感《たこうかん》をもたらします。しかし、この快感や多幸感は偽物《にせもの》の喜びなのです。現在の社会状況や家庭・学校の状態では、本当の満足感や喜びを感じるためには多くの努力と忍耐が必要です。それに比べれば、ドラッグはただ乱用するだけで、いとも簡単に乱用者に幸せをもたらします。

しかしこの幸せには、ハッピーエンドは存在しません。必ず、その乱用者の生活、人生、人間関係を破壊していき、最後には命すら奪います。

私は今、数千人の薬物乱用の若者たちと関わっています。彼らは、ほとんどすべて、大切な友人や学校、一部の若者は親やきょうだいたちからも見捨てられ、孤独の中で、ドラッグに逃げようとする心とたたかっています。彼らのこのたたかいは、決して終わることがありません。

ドラッグは一度その魔の手で捕らえた者を決して手放しません。

❖「ドラッグを遊ぶ子」から「ドラッグに救いを求める子」へ

私が高校生のドラッグ汚染の問題に関わってから、すでに一六年の月日が流れます。薬物を乱用する若者たちを通して見える、この問題の背景についていつも考えてきました。

彼らには二つのパターンがあります。それは「ドラッグを遊ぶ子」と「ドラッグに救いを求める子」です。

一九九八年から始まった「第五次薬物汚染期」で、猛烈な勢いで増加したのは「ドラッグを遊ぶ子」でした。快楽やさまざまな遊びの道具として薬物を使う子どもたちでした。

彼らから話を聞くと、

「なんかつまらなかったから」

「ちょっと遊んだだけだよ」

「みんなやってんだから」

「なんかカッコよさそうだったから」

ということばが必ず出てきます。

お金を手にし、夜の街で遊ぶことを憶《おぼ》えてしまった彼らにとって、学校や家庭は実につまらないものになってしまっています。ここを、私たち大人が変えていかない限り、これからも多くの若者たちがドラッグの魔の手に捕まっていくでしょう。ドラッグほど簡単に快感をもたらしてくれるものはないのですから。

でも今、「第六次薬物汚染期」で急激に増えているのは、「ドラッグに救いを求める子」です。学校や家庭でのいじめや虐待、さまざまな辛さから逃げるために、処方薬をはじめとしたさまざまな薬物、違法薬物であるマリファナや覚せい剤などに救いを求める若者が増えています。

私の知っている一人の少女は、小学校の高学年時より父親から性的な暴力をふるわれていました。母親はその事実に気づいていたけれども、父親の暴力を恐れ、見て見ぬふりをしていたといいます。彼女は救いを非行とシンナーに求めました。父親は、シンナーを乱用した娘のほうが抵抗しないため、シンナー乱用を黙認していたといいます。彼女は一五歳の春に、過度のシンナー乱用で精神障害に陥《おちい》り、扱いきれなくなった両親が精神病院に入院させました。

私はこの精神病院で彼女と知り合ったのですが、父親の暴力から解放された彼女は、いきいきと毎日を過ごしていました。ところが、一六歳の春、病院で知り合った若者と恋に落ちた彼女は、キスを求められ、そのことが引き金となってフラッシュバック（薬物を乱用しているのと同じ状態が、精神的ショックから再現すること）が起こってしまいました。そして、

「自分はもう汚れた存在で、人を愛することはできないんだ」

ということばを残して、薄暗い病室で首をつり、自殺してしまいました。そして、最も憎んでいた両親のもとへと、小さな骨壷に入って帰っていきました。

今回、『さらば、哀しみのドラッグ』の「増補版」を出版することにしたのは、こ

の本を出版してから九年が経ち、日本の若者たちの薬物問題に大きな変化があったからです。すでに書きましたが、一九九八年当時、大きな問題となっていたのは「ドラッグを遊ぶ子」の急激な増加でした。しかし、現在、猛烈な勢いで増えているのは「ドラッグに救いを求める子」です。

そこで、「Ⅰ・若者たちに迫るドラッグ」には、「第六次薬物汚染期――ドラッグに救いを求める若者たち」を新たに追加しました。

「Ⅱ・ドラッグのとりこにされた若者たち」には、私のドラッグとのたたかいの原点となった、一人の少年との出会いについて書いた「薬物との最初のたたかいで失った少年」、精神科の処方薬のＯＤ（Overdoseの略。ドラッグを乱用あるいは大量に摂取すること）の事例「精神科の処方薬を八年にわたってＯＤを続けた二三歳の女性」、ガス吸引の事例「ガス吸引で失明寸前になった一八歳の少女」を追加しました。

「Ⅲ・あふれるドラッグ」については、最新のドラッグ汚染の状況をふまえて、「脱法ドラッグと称するおもちゃのようなドラッグ」を改訂し、新たに「深刻な市販薬のＯＤ（過剰摂取）」の項目を追加しました。

「Ⅳ・ドラッグのウソ、ホント／これは本当でしょうか？」には、「ドラッグを乱用するかしないかは、個人の自由である」「薬物を乱用する人には、必ず乱用に至る精神的な原因がある」「薬物乱用は、『愛の力』で克服することができる」「薬物乱用は、法律を改正し厳罰化すれば、沈静化することができる」を追加しました。

さらに、この本は中高生の皆さんに向けた本ですが、ドラッグ依存症に陥《おちい》った若者の周囲にいる大人、保護者や学校の先生方がどうしたらよいか、その対処について、「V・薬物問題が起きたらどうするか」を新しい章として設けました。

改訂・追加した部分は、新たに加筆した箇所と合わせて、拙著『さらば、哀しみの青春』（高文研刊）と『薬物乱用―いま、何を、どう伝えるか』（大修館書店刊）から転載しました。

私はこの本で、ドラッグについて、私の知っているすべてのことを書こうと思います。一部の専門家の中には、処方薬乱用やガス吸引、あるいは市販薬の乱用については、「書かないほうがいい。下手に知らせれば、それを乱用する子どもたちを増やすことになる」と言われる方々もいます。気持ちはよくわかります。知識というのは、使い方によっては凶器にもなります。

でも私は、あえてこの本を書きます。君たち、子どもたちには「知る権利」がある。ただし、この本を薬物を乱用するための道具ではなくて、知ることによって自らドラッグの誘いに「ノー」と言える、強い意志の源として使ってくれることを望んでいます。

私がなくした四〇人の子どもたちもそう思っていると思います。その子たちが、薬物を乱用する前にこの本を読んでくれていたら、決して死なないで済んだ。そんな本にしたい、そう思ってこの本を書きます。

I　若者たちに迫るドラッグ

日本のドラッグ汚染の歴史は、実は非常に短いのです。これは、日本に、タバコやケシ、大麻やコカなどドラッグの原料となる植物が存在しなかったことが最大の原因です。

また、これに加えて、江戸時代の海外との貿易の厳しい管理体制（いわゆる鎖国《さこく》体制）が、日本をドラッグ汚染から守ってきました。確かに、アルコールは日本酒や焼酎《しょうちゅう》という形で古くから存在しましたが、江戸時代までの自給自足の生活の中では贅沢《ぜいたく》品であり、多量に飲んで中毒になることのできる人はまれでした。

明治・大正・昭和初期においても、国家による厳しい統制の中で、ドラッグの国内への流入は抑《おさ》えられており、アルコール以外では唯一、タバコが国家による専売《せんばい》という形で広められたくらいでした。

日本がドラッグに本格的に汚染されたのは、第二次世界大戦での敗戦の年、一九四五年の後半からです。その後のドラッグ汚染の歴史を振り返りながら、現在の状況を考えてみましょう。

✴第一次薬物汚染期――薬局で覚せい剤が買えた時代

第二次世界大戦中、旧日本軍や日本政府は、一部兵士や労働者の戦闘意欲や労働意欲を増進させるために覚せい剤を大量に生産し、使用しました。これが戦後、「ヒロポン」「ゼドリン」という商品名で、「眠くならない薬」「疲れのとれる薬」として、一般の薬局で売られました。そして、多くの人たちに、今のドリンク剤と同じような感覚で使用されました。

この「ヒロポン」という名前はギリシア語で「勤勉」という意味です。この「ヒロポン」の成分は塩酸メタンフェタミンであり、これを使用すると、気分が快調になり、作業意欲が増進し、睡眠防止をもたらします。その一方で、精神的不安感や頭痛、不眠などの副作用をともないます。そして、乱用者は確実に精神分裂的症状や幻覚妄想状態となり、廃人《はいじん》となっていきます。

この時期、多くの青少年たちが、戦後の社会混乱の中で「ヒロポン」に救いを求め、乱用しました。そして、未来を失い、廃人となっていきました。そのため、政府は一九五一（昭和二六）年、メタンフェタミンなどを成分とするすべての薬を「覚せい剤」と定義して、覚せい剤取締法という厳しい法律を制定しました。

この法律の罰則が非常に厳しかったことと、警察による徹底的な取り締まりが実施されたことで、この「第一次薬物汚染期」は収束《しゅうそく》しました。

✴第二次薬物汚染期――暴力団がドラッグを資金源とする

戦後の社会混乱の中で暴力団が野放《のばな》しにされ、その勢力を拡大していきました。特に、覚せい剤取締法によって、ほとんどのドラッグが合法的に手に入れることができなくなると、ドラッグの闇値《やみね》は急激に上昇し、暴力団にとって非常に儲《もう》けの多い商品となりました。

そして、旧日本軍が保管していた麻薬であるモルヒネが暴力団の手に渡り、密売されました。続いて、台湾を中心とするアジア地域からヘロインが密輸され、密売されました。これが「第二次薬物汚染期」です。

この時期、ヘロインは「ヤク」と呼ばれ、戦後の荒廃《こうはい》と社会の混乱の中で希望を失っ

日本における主な薬物乱用の歴史

年　代	主な乱用物	主な乱用者
1945年以前	麻薬（アヘン・モルヒネ）	少数の特定乱用者
1945～1956	**第一次薬物汚染期** **（第一次覚せい剤乱用期）** 覚せい剤（ヒロポン）	青少年
1960～1964	**第二次薬物汚染期** 麻薬（ヘロイン）	青壮年
1960～1964	睡眠薬（ハイミナール）	青少年
1963～1967	鎮痛剤（ナロン） 抗不安薬 筋弛緩剤	青少年
1967～現在	**第三次薬物汚染期** 有機溶剤（シンナー・ボンド・トルエン）	青少年（低年齢化）
1970～現在	**第四次薬物汚染期** **（第二次覚せい剤乱用期）** 覚せい剤（シャブ）	青壮年 （主婦層にも広がる）
1975～現在	幻覚剤（マリファナ・ＬＳＤ）	青壮年
1992～現在	ガス	青少年（低年齢化）
1994～現在	**第五次薬物汚染期** **（第三次覚せい剤乱用期）** 覚せい剤・大麻（マリファナ）	青少年（中高生） 壮年
2006～現在	**第六次薬物汚染期** 向精神薬・睡眠薬（精神科薬のＯＤ）	青少年 壮年 （女性を中心とする）

※ＯＤ＝Overdoseの略。ドラッグを乱用あるいは大量に摂取すること。

た都市部の若者や大人たちが乱用しました。横浜の黄金町《こがね》周辺が特に有名でしたが、日本の各部市に無法地帯ともいうべき麻薬窟《くつ》が生まれました。そこには「ヤク」の売人がたむろし、「ヤク」を求めて多くの中毒者が群《むれ》をなしました。「ヤク」を手に入れ、家に帰りつくまで待つことができずに道ばたで注射する者、「ヤク」を手に入れる金がなく、禁断症状で半狂乱となる者であふれかえりました。

このヘロインは主にケシの実から抽出《ちゅうしゅつ》されるアヘンを原料として作られ、猛烈な依存性を持ちます。その依存性の強さは「一回でも乱用すれば止められなくなる」といわれるほど強烈です。また、その効果が切れると、激しい禁断症状を引き起こします。その症状は、「ヤクのためならなんでもやる、親でも子でも殺す」というくらい激しい、再乱用への欲求と全身のけいれんや発作などで現われます。そのため、この時期に、多くの犯罪が引き起こされました。

この暴力団による麻薬の密売は一九六〇年ごろから社会問題となり、一九六三年には麻薬関係法の罰則《ばっそく》強化が行なわれ、同時に徹底した暴力団の取り締まりが警察によってなされたため、一九六五年には急速に収束《しゅうそく》していきました。

しかし、この時から、暴力団はドラッグをその有力な資金源としてしまいました。

現在も、暴力団にとってドラッグは最高の資金源です。タバコとアルコールを除いたほとんどすべてのドラッグには、暴力団がその密輸と密売に関わっています。

✴第三次薬物汚染期――シンナーで「ラリる」ことが流行に

一九六七年、新たなドラッグが若者たちの間に流行しました。それは、有機溶剤《ゆうきようざい》すなわちシンナーやボンド、トルエンなどです。

この時期に、多くの若者たちが有機溶剤を吸引《きゅういん》しました。当時は、有機溶剤の吸引を罰する法律がなかったために、新宿駅の地下道などは、シンナーを入れた袋を口に当て、座り込みながら陶酔《とうすい》感に浸《ひた》る若者であふれました。

彼らは「フーテン族」と呼ばれ、彼らの間では、シンナーで「ラリる」ことがカッコいいことであり、ファッションであるかのように思われていました。これが日本の「第三次薬物汚染期」です。

有機溶剤の乱用は若者たちに大きな傷を残しました。多くの若者が依存症となり、さらに強いドラッグの乱用へと走り、またその結果死に至りました。これが大きな社会問題となり、一九七二年に毒物及び劇物《げきぶつ》取締法が改正され、有機溶剤の販売が規制され、その乱用が厳しく罰せられることとなりました。

しかし、有機溶剤の乱用は今も一部の若者たちの間で続いています。特に暴走族などに関わる若者たちを中心として。

これには理由があります。それは、有機溶剤は塗料の薄め液や一部の接着剤、各種スプレーなどに使われており、私たちの生活に欠かすことのできないものだからです。そのため、警察も有機溶剤の出回りを完全に抑《おさ》え込むことができないのです。

みなさんの中には「シンナーくらいたいしたことない」と考える人もいるかもしれません。しかし、私の経験からいって、シンナーの乱用者ほど苦労することはありません。それは、一つには、身の回りにさまざまなシンナーを含んだ商品があふれているためにすぐ手に入ってしまうことが原因です。誰だって目の前においしいものをちらつかされたら、その誘惑に打ち勝つことはほとんど不可能です。まして、依存性のあるドラッグではなおさらです。また、もう一つには、有機溶剤という呼び名でわかるとおり、脳や歯、骨を溶かしていってしまうために、一回一回の乱用がその人を確実に破壊していくからです。

また、この有機溶剤の密売も暴力団の手によってなされていることを忘れないでください。これも暴力団の有力な資金源です。

✴第四次薬物汚染期――一般市民に覚せい剤の魔の手が

一方、一九七〇年ごろから、暴力団による覚せい剤の組織的密売が息を吹き返します。この時期、覚せい剤はその乱用者の命を骨までしゃぶることから、また財産をことごとく失うことから、「シャブ」と呼ばれました。そして、長距離トラックの運転手やタクシーのドライバー、一部の主婦たちのあいだまで、その魔の手を伸ばし始めました。これが「第四次薬物汚染期」です。

そしてこの時期に、暴力団によって、現在まで続いている薬物密売のネットワークが日本各地で作られたのです。

私の知り合いの薬物担当の刑事が、暴力団によるドラッグの密輸・密売に対するたたかいを「もぐらたたき」と呼んでいました。つまり、ある密輸ルートを抑えても、いくら「売人」を捕まえても、次から次と密輸・密売が続いていくというのです。

この理由は簡単です。覚せい剤の密輸・密売は、暴力団にとってその資金源として非常に重要なものであり、また利益も膨大《ぼうだい》です。警察に捕まるという危険を犯しても、止めることのできないものなのです。また、覚せい剤の「売人」のほとんどは覚せい剤の依存症者です。彼らが最も恐れるのは、警察に捕まることではなく、覚せい剤を乱用できなくなることなのです。彼らは覚せい剤のためならなんでもやります。

✴第五次薬物汚染期——遊ぶ道具としての若者たちの薬物の乱用

私が、高校生たちの間に覚せい剤や大麻が流れ込んできていることに気づいたのは一九九五年でした。そのころ私は、横浜市の中心部にある、全国的にも最大規模の夜間高校で生徒指導を担当していました。

当時、私が関わっていた一人の少女がいました。彼女は全日制の高校でいじめにあい、不登校となり、私の学校に転校してきました。私は転校時より彼女と関わっていたのですが、彼女が、

「先生、私の全日制の友人がこのごろおかしいんだ。すごくやせちゃって、からだ

の調子が悪そうなのにとってもハイなんだ。会って相談にのってやってくれる？」

と、その友人を私のところに連れてきました。

その子は高校二年生の少女でしたが、一目《ひとめ》で覚せい剤中毒とわかるほど、さまざまな症状が現れていました。私が、

「覚せい剤、やってるね。相当ひどい状況だよ。わかってる？」

と尋ねると、

「私、覚せい剤なんて恐ろしいものやってない。Sっていうヤセ薬を使ってるだけだもん」

と答えました。私が「S」や「スピード」「アイス」「ヤセ薬」は、覚せい剤の通称《つうしょう》の一つであることを話すと、ぶるぶる震えだし、泣きはじめました。

私はすぐに彼女の両親に連絡をとり、薬物専門の病院に入院させました。彼女は二カ月間の入院期間を模範的に過ごし、ドラッグの魔の手から逃れることができました。

私は病院で彼女から聞いた話で愕然《がくぜん》としました。彼女によれば、彼女の通う高校では、三割近い生徒が覚せい剤や大麻を乱用しているというのです。

それまで、私は覚せい剤については、高校生のもとに乱用が広まることはないだろ

う と考えていました。それは、覚せい剤の売買には必ず暴力団が関与《かんよ》しており、高校生たちの暴力団への恐怖心がその接触を予防できると考えていたからです。みなさんだって、暴力団とつながりを持ちたいとは思わないでしょう。

ところが、彼女の情報では、覚せい剤や大麻は街角で偽造テレホンカードを密売しているイラン人を通して、「S」や「スピード」「アイス」「ヤセ薬」「ハッパ」「チョコ」などと名前を変え、高校生たちのもとへと流れ込んでいたのです。

これが私の「第五次薬物汚染期」との出会いでした。

一九九六年四月二八日の新聞各紙の社会面は、「神奈川県藤沢市の高校生が覚せい剤・大麻の乱用で検挙される、学内でも乱用。友人にも密売」というショッキングな内容で埋まりました。一人の高校生がコンビニエンスストアで万引きし、警察に捕まり、その彼のポケットからマリファナが発見されたのです。彼の口から、次々と高校生たちのドラッグ汚染の恐ろしい実態が明らかになりました。

この事件では、数十人の高校生が覚せい剤や大麻の乱用で検挙されました。学内での乱用、学内での密売、修学旅行中の乱用、覚せい剤パーティーでの集団乱用と、衝撃的な事実が次々と明らかになりました。

私は、私を知る生徒たちには「夜回り」と呼ばれる、深夜の繁華街の見回りを、一六年前から毎週末に行なってきました。高校教師を辞め、子どもたちからの命の相談や全国各地での講演活動に取り組んでいる今でも、土曜日曜の夜は、宿泊する全国各地の都市で「夜回り」を続けています。九〇年代の半ば頃、東京から多くのイラン人の偽造テレホンカードの売人が横浜へと流れ込み、街角のいたるところでその姿を見ることができました。私は見かけるたびにその側《そば》に立ち、彼らが立ち去るまで見つめていました。しかし、あまりの数の多さに圧倒されたことを憶《おぼ》えています。

私は、「第五次薬物汚染期」が首都圏で若者たちの間にどのように進行していったかを、はっきりとつかんでいます。

始まりは一九九四年でした。この時期は、若者の間にポケットベルや携帯電話が広がっていった時期です。ポケットベルを持ったり、携帯電話に通話することは、当時は非常にお金がかかりました。そこで、不法滞在の外国人たちが街角で偽造テレホンカードを密売し始めました。この偽造テレホンカードを最も使用したのは高校生たちでした。

この外国人に目をつけたのが暴力団でした。通常、覚せい剤や大麻の売人は「町売り」と呼ばれる、街角に立ち、不特定多数の人に売る売り方はしません。これは、売人にとっては警察に検挙されることが多い自殺行為だからです。しかし、外国人たち、特にイラン人たちは堂々と街角で売り始めました。覚せい剤には「S」「スピード」「アイス」「ヤセ薬」などという名を、大麻には「チョコ」「ハッパ」などという名をつけ、「いいものあるよ。買わない?」と言って、偽造テレホンカードを買いに来た高校生たちに売っていきました。彼らにとって、高校生たちは最も安全で役に立つ客でした。なぜなら、高校の制服を着た警察官などいるはずもなく、また、若者の多くはいつも仲間と集団で行動するため、一人にドラッグを教えれば、自然に仲間の間へと広めてくれたからです。これが第五次薬物汚染期の第一段階です。

一九九六年になると第二段階に突入しました。覚せい剤の魔の手に捕らえられ、依存症となる高校生が生まれ始めました。覚せい剤を常用するには多額のお金を必要とします。その金を手に入れるため、女子高校生の一部は「風俗」で働いたり、売春をするようになりました。この時期に多くの女子高校生たちが警察に補導されました。

その一方で、このような手段でお金を手に入れることのできない男子高校生たちは、自分たちの乱用する覚せい剤を手に入れるため、「売人」になっていきました。学校内では友人に、地域では後輩の中学生に密売していきました。まさにこの時期に、先ほど書いた神奈川県藤沢市の事件が起こったのです。

そして、第三段階として、中学生の覚せい剤乱用者が増加しつつあります。彼らはどのようにしてドラッグを手に入れるお金を用意するのでしょうか。ドラッグがいくら安くなったとしても、その乱用には多額のお金がかかります。今や、一部の乱用中学生たちは主婦を狙《ねら》った窃盗《せっとう》や強盗などで覚せい剤を買う金を手に入れようとしています。

この「第五次薬物汚染期」に対して政府は、徹底した教育によって「薬物を乱用する子どもたち」を減らそうとしました。一九九八年、政府は全国すべての高校に、「一年に一回の薬物防止の講演会」「三年間に三時間以上、薬物についての授業を保健体育の授業で行うこと」という通達を出しました。九九年には、同じ通達を中学校にも出しました。二〇〇〇年からは、小学校五・六年生に対しても同様の指示が出されました。政府は、薬物についての正しい知識を子どもたちに身につけさせることによって、自ら薬物の誘いに「ノー」と言える子どもたちを作ろうとした。これは非常によい試みだったと思います。また、一定の成果を上げたことも事実です。かつてのように、無知ゆえに、だまされて、新しい名前につられて薬物を乱用する子どもは、今の日本ではほとんどいないでしょう。

しかし、恐れていた次の「第六次薬物汚染期」が、「第五次薬物汚染期」が解決しないまま、始まってしまいました。

✴第六次薬物汚染期——ドラッグに救いを求める若者たち

私は、二〇〇六年、日本は「第六次薬物汚染期」に突入したと、講演でも話をしています。今回の汚染期は非常に恐ろしいものです。私はいま、年に四〇〇回以上の講演を全国で行なっています。その会場には多くの小中高校生が来てくれます。そこでいつも訊《き》くことがあります。

「みんな、家と学校でほめられた数と叱られた数、どちらが多い?」

ほとんどの子どもたちが「叱られた数が多い」と答えます。哀しいことです。いまの社会は、非常に攻撃的になっています。そういう社会を作ってしまった大人の一人として、私はすべての子どもたちに謝らなければならない。

お父さんたちが会社に行けば、「お前、何やってんだ。こんなこともできないのか……」と言われ、イライラしたお父さんは家に帰ると、妻や子どもに「こんな飯食えるか」「何やってんだ」「向こう行って勉強しろ」と当たり散らします。夫のイライラをぶつけられ、さらにイライラしたお母さんは、子どもに「なに、この点数は?」「何やってんの。こんなこともできないの」「早くしなさい」「あんたなんか、産まなきゃよかった」とまで言ってしまう。

でも、君たち子どもたちはどうしたらいいんでしょう。私も含めて、大人はずるいです。お父さんはいくら嫌なことがあったって、妻や子どもにイライラをぶつけ、夜の街で酒を飲んで逃げることもできる。お母さんだって、いくら夫からがみがみ言われ、イライラしたって、子どもに当たり、外食や買い物でうっぷんをはらすことができます。

しかし、君たち子どもには、昼の学校、夜の家庭しかない。その両方で、子どもたちが攻撃され続けています。そんな中、自分を見失った子どもたちが多くいます。子どもたちは、それまでに受けたやさしさや愛の数が多ければ多いほど、薬物乱用や非行、悪から遠ざかることができます。そのことを、私たち大人は忘れてしまっています。

イライラがたまった子どもたちは、「夜、眠れない子どもたち」となっています。心や頭の中は攻撃されてものすごく疲れているのに、からだは疲れていない。心身の分離から、夜眠れない状態が起きます。夜、眠れないと、人はどうしても楽しいことは考えない。「自分なんかいないほうがいいんだ」……、死へと向かう子どもたちがたくさんいます。「自分が悪い」と、リストカットをして、自分を傷つける子どもたちもいます。

その子どもたちの一部が、実はドラッグに救いを求め始めています。身の回りにある一部の市販薬や、あるいはその辛さの中で通う精神科・心療内科・神経科からもらった精神科薬を過剰摂取《かじょうせっしゅ》する。あるいは、身近にある家庭用コンロやライターのガスを吸引する。そのように救いを求め始めています。

私にとっては非常に哀しい薬物乱用です。なぜなら、乱用する子どもたちを作り出した原因、責任は、私たち大人にあるからです。この攻撃的な社会がその背景にあるからです。でも、ドラッグには救いはないのです。一回一回の乱用が君たち若者の明日を滅ぼしていくのです。

Ⅱ ドラッグのとりこにされた若者たち

すべてのドラッグは、一度でも、その魔の手で捕らえた者を放しません。一度でも、何らかのドラッグを乱用してしまったら、再度乱用したいという強い欲求と一生たたかうことが必要となります。

私の知っているある医師が言っていました。

「一度でもドラッグを乱用してしまったら、リハビリテーション（もとの状態に戻すこと）はできない。からだや心だけでなく、その人間の一生に傷を残す」

私は、みなさんと同年齢の、ドラッグを乱用した多くの若者たちとともに生きてきましたが、このことばが真実であることを確信しています。

私の、このドラッグとの一六年間のたたかいは哀しみそのものでした。この一六年間で、私が関わった中の何人かの若者たちがドラッグとどのようにして出会い、その結果どうなってしまったのか、そして、今どうしているのかをこれから書いていきます。私がこれから書く若者たちは、決して一部の特定の地域の特殊な若者たちではありません。この本を読むみなさんとまったく同じ若者です。

✴薬物との最初のたたかいで失った少年

私は教員生活をずっと生徒指導を担当してきました。生徒指導、聞き慣れないことばかもしれません。生徒の非行問題や犯罪に直接関わり、指導・更生させる仕事です。その生徒指導の中で、私がいつも自分に言い聞かせてきたことは、生徒とともに生きることでした。どんな生徒でも、まずはその生徒との人間関係を作り、ともに生きることでその更生をはかる。言い換えれば、罰による、あるいは脅《おど》しによる生徒指導ではなく、愛の生徒指導を試みてきました。こんな私に自分の甘さを痛いほどわからせたのが、薬物の問題でした。

今から一六年前、私はシンナーの乱用を四年にわたって続けた一人の少年と知り合いました。私が知り合ったとき、彼は高校一年生でした。

彼の母は福島県のいわき市出身で、小学校五年生の時に父親を事故で亡くし、その後、働く母が家に残した小さな弟や妹の面倒をみるために、ほとんど学校へは行けませんでした。そして、中学を卒業すると同時に、神奈川県の川崎市にある工場に就職しました。それからは、お決まりのコースです。華やかな都会の夜にあこがれ、水商売に入り、そこで彼の父親である一人の暴力団の構成員と知り合います。そして、彼を産みました。しかし、彼の父は、彼が三歳の時に暴力団同士の抗争で命を落としました。

それからの彼の母は、暴力団関係者から離れ、横浜のぼろぼろの木造のアパートに住み、パジャマの縫製工場で働きながら、彼を育てました。貧しくても親子二人、充実した日々だったそうです。彼も母の愛に応え、小学校の三、四年の時は、学級委員をやるほど優秀でまじめな子だったそうです。

しかし、彼が小学校五年の夏休みに、彼の母が過労で病気に倒れ、寝たきりとなります。彼にも彼の母にも、生活保護などの社会福祉制度についての知識はなく、また誰も手を差し伸べてくれる人はありませんでした。お金がなく公共料金が支払えなくなると、電話・都市ガス・電気と次々と止められていきました。

そんな中で、彼はアパートから歩いて四〇分はかかる大きな私鉄の駅周辺のコンビニを一軒一軒回ったそうです。そして、「お兄さん、うち今、母さんが倒れてしまって貧乏なんだ。もし捨てるお弁当があったらくれませんか」と頼んだそうです。行く店、行く店で「ごめんね。余ったお弁当は全部戻さなくてはならないんだ」と断られ、ようやく一軒のコンビニのおじさんが、「でも、ぼく、余ったお弁当を戻す時間は午前二時だよ。そんな遅くにここまで来れるかい。もし、来れるなら、その一五分前くらいにおいで。何個か回収用のコンテナの上に置いておいてあげるよ」と言ってくれたそうです。それからは、毎日午前零時を過ぎると家を出て、そのコンビニまで行き、物陰《ものかげ》で人がいなくなるのを待って、そのお弁当をもらったそうです。そして、何度もお辞儀《じぎ》をして持って帰ったそうです。

しかし当然、これだけで二人は生きていけません。彼は給食のおばさんに、「おばさん、俺さあ、近くの公園で捨て犬を三匹飼ってるんだ。犬にやりたいから、余った給食くれないかなあ」と頼んだそうです。そして、休んだ子どもたちや食べなかった分のパンや牛乳をもらい、生きていたそうです。

残念ながら、この親子の状況に、心ある大人は誰も気づきませんでした。しかし、子どもたちは敏感です。彼のクラスメートの子どもたちが気づきました。当時、彼は友人もなく嫌われていたそうです。それは、彼なりに自分の貧しいようすを知られたくないと、いつも肩をいからせていたからだそうです。彼のクラスメートたちは、彼を猛烈にいじめ始めました。

彼にとって一番辛く苦しかったのはこの事件だったそうです。一一月のとても寒い金曜日、風邪で休んだ子が多かったため、給食のおばさんに、パンを一五個と牛乳を七本もらったそうです。それを大事に鞄に詰め、家へと急いでいると、近くの公園にクラスメート数人に連れて行かれたそうです。そして、「おい、おまえんち、本当は貧乏なんだろう。このパン、本当はおまえんちで食べるんだろう」と言われたそうです。彼が「違うよ、犬にやるんだ」と答えると、「それならこうしてもいいよな」と、パンを地面にまかれ、踏みつけられたそうです。

彼はそれを歯を食いしばって拾い、持って帰り、アパートの隣の部屋のおばあさんに、「おばちゃん、悪いけど砂糖とガス貸して。かあちゃんが元気になったら何かで返すから」と頼んだそうです。そして、牛乳に砂糖を入れ、それにつぶされたパンを浸《ひた》し、フライパンで温め、お母さんに「かあちゃん、これフレンチトーストだよ。家庭科の授業で習ったんだ。本当は卵も入れるんだけど……。かあちゃん、元気になったら最初に卵を買って。そしたら本当のフレンチトースト作るから」と言って食べさせたそうです。さすがにお母さんが「おいしいよ」と言って食べているときは、涙が止まらなかったと言っていました。

こんな彼を助けたのは、同じアパートに住んでいた暴走族の少年でした。暴力で彼へのいじめを止めました。暴走族に助けられた彼は、小学校の六年からその仲間となりました。

これを哀しんだのは、彼の母親でした。母からしてみれば、暴走族に入った息子の姿は、彼女が一番なってほしくなかった父親の姿と重なったからです。彼も苦しみました。彼も決して好きで母親をこのような形で苦しめたかったのではありません。彼はその苦しみから逃《のが》れるためにシンナーに手を出しました。当時も今も暴走族の世界では、シンナーは最も簡単に手に入るドラッグです。

私たち薬物問題に取り組んでいる人間の間でよく言われることばがあります。それは、「まじめな子ほどまじめに薬物を使い、まじめに壊れていく。心に傷を持った子ほど、その心の傷を埋めるために必死で薬物を使い死んでいく」ということばです。まさに彼は、このことばそのものでした。彼は四年間にわたりシンナーだけを、絶対に裏切らない、彼から苦しみを取り払ってくれる唯一の〝友人〟として使い続けていました。

しかし、私と知り合ってからの彼は、私と生活することを通して少しずつシンナーから離れようとしました。「先生、俺、先生んちへ行っていいか？　先生といつも一緒なら絶対シンナー使えないだろう」。こう言って、彼はしばらくの間、私と生活します。そして一週間もすると、「先生、もう俺シンナー止めれたよ。かあちゃんが寂しいだろうから、家に帰る」と言って家に帰りました。その翌日の午前二時頃には、「先生、またシンナーやっちゃった。俺のこと嫌いになるかい」と、泣きながら電話をかけてきました。

このようなことが数回続いたある夜、私が夜間高校での授業を終えて自分の研究室にいると、彼が新聞紙を破いたものを持って訪ねてきました。「先生、俺、先生じゃ、シンナー止められないや。先輩に聞いたんだけど、この新聞にシンナーや覚せい剤などの薬物を止めれない病気を治してくれる病院の記事が出てるんだ。俺をここに連れてってくれよ」。こう言って、その新聞を私に見せました。

私はこのとき、かちんときました。そして、むっとしました。私が彼をシンナーから助けようとこれだけ努力しているのに、私じゃだめだと言われたのです。それで、彼に辛くあたりました。「わかったよ。来週の月曜日に連れてってやるよ。でも、お母さんから健康保険証を借りとけよ。金かかるぞ。今日は先生は忙しいから、帰れ」と言って、私にまとわりついていた彼を帰しました。彼は私のほうを振り返り振り返りながら、去っていきました。一五メートルほど離れたときでしょうか、私に「先生、今日冷てえよ」と言うと、そのまま去っていきました。このことばが、私が彼から聞いた最後のことばとなりました。今でも耳から離れません。

彼は、翌朝午前二時、自宅近くの道路でダンプカーに飛び込み、死にました。事故死でした。シンナーからくる幻覚の中で、ダンプカーのヘッドライトが別の美しい世界への入口に思えたのでしょうか。そのライトの中に飛び込んでいきました。防がなければならない死、私が追いやってしまった死でした。

依存性のあるもの、特に薬物を止めようとするとき、必ずと言っていいほど、「さよなら○○」をします。たとえばお酒を止めようとするときに、「よし今日たっぷりと飲んで、飲み納めにするんだ」と言って飲む「さよならお酒」、「この一箱を吸ったらもうたばこは止める」という「さよならたばこ」、実はほとんどの場合、「こんにちは○○」となってしまい、止めることはできないのですが……。シンナーや覚せい剤などのヘビーな薬物の場合も同様です。あの日、私は、あのまま彼を帰してしまえば、彼が「さよならシンナー」をやるだろうことはわかっていました。しかし、「水谷ではだめだ」という一言にかっときて彼を追い返してしまいました。

私はその後、彼のお葬式に出ました。彼の母と私だけの寂しい葬式でした。告別式が終わった後で、彼の母に、火葬場まで同行し「箸渡《はし》し」を一緒にしてくれるよう頼まれました。火葬場で、一時間ちょっと待ち、彼の骨が焼き上がったとき、彼の母は焼き上がったばかりの彼の遺灰《いはい》を両手でつかみ、慟哭《どうこく》しました。何度も何度も「シンナーが憎い。私の子を二回奪った。一度目は命、二度目は骨までも……」と叫びながら。

シンナーを四年間吸い続け、ぼろぼろになり、しかもシンナーを体内に入れたまま焼かれた彼は、ほとんど骨を残しませんでした。泣き続ける母の手を握り、「せめて、灰だけは一粒残らず拾ってやりましょう」と、箒《ほうき》とちりとりを借りてすべてを骨壺《こつつぼ》にすくいとり、白木《しらき》の箱に納めました。

翌日、教員を辞めようと自分の荷物をまとめていたとき、私の目に、彼が置いていった新聞記事が目に入りました。「そうだ、教員を辞めてただの人になったら相談できない。教員の肩書きがあるうちにこの病院へ相談に行き、もう一度自分の犯した過ちを整理しておこう」と、彼の死のちょうど一週間後に、薬物依存の専門病院に行きました。そこでは、院長先生が私と会ってくださり、私の話を聞いてくれました。

私の話を聞き終わった院長先生が私に言ったことばを、私は生涯忘れることができないでしょう。先生は私に、「水谷先生、彼を殺したのは君だよ。いいかい、シンナーや覚せい剤などの薬物を止めることができないというのは、依存症という病気なんだよ。あなたはその病気を愛の力で治そうとした。しかし、病気が愛の力や罰の力で治せるのですか。たとえば、四二度の熱に苦しむ生徒を、自分の愛の力で治してやると抱きしめて熱が下がるのですか。あるいは、お前の根性がたるんでいるから、そんな熱が出るんだと、殴って熱が下がるのですか。その病気を治すために、私たち医師がいるのでしょう。無理をしましたね」と言いました。私は自分の目から鱗《うろこ》が落ちるようでした。

その後で先生は、「水谷先生、あなたはとても正直な人だ。あなたは教員を辞めようとしているでしょう。ぜひ、辞めないでほしい。これからも彼のような薬物の魔手に捕まる子どもたちがたくさん出るでしょう。それなのに、教育に携わる人でこの問題に取り組んでいる人はほとんどいません。一緒にやっていきませんか」と言ってくださいました。これが、私と薬物との一六年間にわたるたたかいの出発点となりました。

✴渋谷に「ハマり」、ドラッグに「ハマった」女子高生

A子は今、私立大学付属高校の二年生です。彼女の父は有名な商社のエリート社員ですが、家庭を大切にし、海外への赴任《ふにん》を拒否してまで家族とともに生活することを守ってきました。母は家庭的な人で決して教育ママというのではなく、子どもたちを暖かく見守りながら育ててきました。弟が一人いますが、今年ある国立大学の付属高校に進学が決まりました。彼女はこのような家庭で、中学校三年までを非行に走ることもなく、「いい子」として生活してきました。

彼女が変わったのは高校一年のころです。そのころ彼女は、学校から同じ方向へと帰る同級生たちと友だちになり、四人の仲良しグループを作りました。そして高校一年の夏休みに、誰が言い出したのか、渋谷の街にみんなで買い物に行くことになりました。出かけていった渋谷の街は、彼女にとってまぶしいほど輝いているものに見え

たといいます。

そして、自分の真面目な服装や髪型が異様《いよう》に「ださく」見えたそうです。それからは、彼女と友人たちは渋谷に「ハマり」、夏休みの終わる頃には、髪の毛を染め、眉は細く整え、りっぱな渋谷の「コギャル」に化けていました。そして、ナンパされた若者に覚せい剤を教えられて覚せい剤に「ハマり」、その覚せい剤を手に入れるために中年の男たちにからだを売りました。これは彼女一人ではありません。彼女のグループ全員がです。彼女は最初はからだを売るのが嫌だったと言います。しかし、自分もやらないと仲間外れにされそうで売ったと言っています。

彼女は一年後には完全な覚せい剤中毒になり、一晩中部屋の床を掃除機で掃除していました。彼女には、覚せい剤による幻覚で、部屋のいたるところから虫が這《は》い出してくるように見えたのです。その異様な姿に驚いた両親が、私のところに彼女を連れてきました。

彼女は両親や家庭の悪口を言ったことがありません。両親も弟もかけがえのない存在で、愛していると言っています。私からの、

「なぜ薬物に手を出したの?」

という問いには、

「なんかつまんなかったから」

とだけぼそっと答えてくれます。

私はここに、若者のドラッグ乱用の背景があるように思います。家庭的にも、金銭的にも満たされているにもかかわらず、何かむなしい。このむなしさが若者をドラッグ乱用に走らせているような気がします。ドラッグでは一時的にしかむなしさから逃れることができず、後にはもっと大きなむなしさと一生を覆《おお》う黒い影が待っているにもかかわらず。

彼女は今、「遊びたい」「薬物を乱用したい」という欲望と必死にたたかっています。

彼女が先日、私に言ったことばがあります。

「先生、先生はなぜこんなに優しいの？　いつも先生は、私の心の側《そば》にいてくれる。クスリをやりたいって思うと、いつも先生の顔が思い浮かぶんだ。そうするとできなくなっちゃう」

彼女のこのドラッグとのたたかいに終わりはありません。ここに、一度でもドラッグの魔の手に捕らえられてしまった者の哀しみがあります。

＊ドラッグを遊び、ドラッグに遊ばれてしまった少年

Ｂ君は自営業を営《いとな》む裕福《ゆうふく》な父とやさしい母親のもとに、ひとりっ子として生まれました。彼は小学校の高学年まではサッカー少年として、地域でも学校でも人気者でした。彼は小学校時代から成績が良かったため、彼の母親は、彼が小学五年生になると家庭教師をつけ、そして、地域でも有数の名門校へと進学しました。そこで、彼の生活は一変することになります。

彼はその学校での成績を維持するため、学校が終わると走るように家に帰り、家庭教師から指導を受けました。それでも、彼は何の疑問もなく、中学校生活とはこんなものなんだろうと考えていました。しかし、このようにいくら努力しても、学年が進むにつれ成績は下がり、高校へと進学してからは、成績別クラスの最も下のクラスから上に上がることができませんでした。

高校一年の夏休みに、彼は、小学校時代のサッカー仲間で、当時は高校も中退し、地域でグループを作り、遊び回っている若者と偶然に再会しました。彼に言わせれば、

その友人の生き方を見て、こんな青春もあったのかと愕然《がくぜん》としたと言います。それからの彼は、彼らの仲間に入り、高校へは休まず通いましたが、ほとんど毎晩のように深夜まで遊び回っていました。楽しくて楽しくてしかたがなかったと言います。

ちょうどこのころ、彼の父親が私の知人であったことから、私は、彼についての相談を受け、彼と出会いました。彼は、もうすでに遊ぶことの楽しさを覚えてしまっており、私からの忠告にも、母親の涙にも、父親の怒りにも、めんどくさいなあという風情《ふぜい》で、きちんと受け答えができませんでした。ただ さすがに小遣《こづか》いを無くされることはこたえるらしく、両親と門限や生活全般についての約束をしました。しかし、それからも両親の目を盗んでは遊んでいたようです。

彼の両親は、その後成績も少しは上がり、見ている限りでは一応約束を守っているようなので安心してしまい、私にはそれから三年ほどまったく連絡がありませんでした。そして、私は、風の便りに、彼が無事卒業して専門学校へと進学したことを聞き、彼も立ち直ったかと安心していました。

ところが、その秋に、彼の父親から、私は電話を受けました。ともかくすぐにでも会えないかという電話でのようすに、私はただごとではないと感じ、すぐ彼の家に行

きました。彼の父親は、私への話を、

「先生、実は息子が覚せい剤をやっているんです」

ということばで始めました。

父親の話はこうでした。その夏に一度、母親が彼の部屋を掃除していて、ごみ箱に注射器と血のついた何枚かのティッシュが捨ててあるのを見つけ、彼に厳しく問いただしたそうです。彼はその前日に覚せい剤を注射したことは認めましたが、こう言ったといいます。

「やったのははじめてで、すごく気持ちが悪くなった。こんな気持ちの悪いものはもうこりごりだ。覚せい剤を使うことが悪いことだということもからだや心もぼろぼろにすることもわかっている。もう二度とやらない」

両親はこの彼のことばを信じ、その時はそれ以上のことは何も言わなかったし、しませんでした。

それから二カ月ほど過ぎて、母親が彼の部屋を覗《のぞ》くと、部屋の中はごみ箱のように散らかっていました。「もしかして」と思った母親が部屋中を探すと、今度は机の裏側に三本の注射器がガムテープで貼って隠してあったそうです。もう、両親ともどうしてよいかわからず、私に電話をしました。

私が「今、彼はどうしてます?」と聞くと、自分の部屋で昨日からずっと寝ているとのことでした。そこで、彼を起こし、両親のいる前で、彼と話をしました。彼は最初はとぼけていて、

「この前の時に隠しておいたのを忘れてただけだ。絶対にやってない」

と言いはっていましたが、私が、

「それじゃあ、パジャマの袖《そで》をまくってごらん。もし、注射痕《ちゅうしゃこん》が一つしかないようなら信じよう。先生もすぐ引き上げるよ」

と言うと、彼もあきらめました。彼の両腕には数カ所の真新しい注射痕がありました。

彼は高校二年の夏休みごろから覚せい剤を乱用していました。月に一~二回のペースで、アルミホイルの上で覚せい剤をあぶり、その煙を吸引していました。ところが、高校を卒業した頃から、この方法では効《き》きがわるくなり、一回の使用量が多くなったため金がかかることから、友人に相談したところ、注射のほうが少ない量で確実に効くと教わり、注射するようになったそうです。

私は彼に三つの道を示しました。その一つは、自分の意志で乱用を止めることで、今まで私が関わった若者で、自分で止めることのできた若者は一人もいないことを伝えました。二つ目の道は、私やダルク（薬物依存症者のリハビリテーション施設）、あるいは専門病院の力を借りながら乱用を止めること、三つ目の道は、このまま乱用を続け、警察に捕まって刑務所に行くか、あるいは薬物依存症で死ぬことであると伝え、

「君はどの道を選ぶんだ?」

と彼に選択を迫りました。

彼は、当然のことながら、一つ目の道を選びました。私は、

「まず確実に、君は覚せい剤をまた乱用するだろうし、その時は私が警察に君を訴えるよ。君に死なれるよりは警察に捕まったほうが、両親にとっても、私にとっても幸せだ」

と伝えました。両親は、

「もう一度だけ息子を信じてみます。先生にこれだけ言っていただければ、息子も止めるでしょう」

とほっとしたようすで言いました。私は、

「残念ながら無理でしょう。ともかく連絡を密にしていきましょう。また、次に覚せい剤をやったときは一緒に警察に行きましょう」

と伝え、家に戻りました。

彼の父親から次の電話がかかってくるのに、二週間しか必要ではありませんでした。それは、

「息子の部屋から、一〇グラム程度のビニールの小さい袋に入った覚せい剤を見つけた」

という電話でした。私はすぐに彼の家に向かいました。

この時、私は彼を警察に出頭《しゅっとう》させることを決意していました。それは彼が持っていた覚せい剤の量が、まさに彼が「売人」をしている事実を示している量だったからです。覚せい剤は、注射で打つ場合は、一回の使用量は〇・〇二〜〇・〇三グラム程度です。一〇グラムという量は、売人をしているのでない限り、金額的にも量的にも持つはずのない量だったからです。

しかし、私が彼の家につき、両親にその覚せい剤を持ってくるように言うと、もうすでに両親は覚せい剤をトイレに流してしまっていました。両親は彼を警察に渡した

くない一心でした。私が、

「この状況では警察の手を借りるべきです」

と彼らに伝えても、

「ともかく本人はもう二度とやらないと言っている。親としてもう一度信じたい」

ということばを繰り返しました。

私は彼に、

「両親の思いを考えて今回は見逃すけれど、もう一度繰り返したら、私が警察に訴えるよ」

と伝えました。

その後、彼の両親からの連絡は途絶《とだ》えました。しかし、私のもとには彼が「売人」を続けている情報が入ってきます。私は近くの警察に通報し、警察も彼を追っています。彼が警察に捕まるのも時間の問題です。（彼は、私がまさにこの文章を書いているときに、覚せい剤の密売の容疑で逮捕されました。今、彼は少年鑑別所で家庭裁判所の審理を待っています。）

B君は、私の目から見て、金銭的にも愛情的にも非常に恵まれた環境で育ちました。

また、彼の理解力や判断力も優《すぐ》れていました。しかし、進学や学校での成績競争の中で、心で感じることをしなくなってしまいました。両親の気持ちや私の思いを、頭ではすぐに理解し対応するけれど、心では感じていません。その結果、いつもその時その時の思いつきで生きてしまっています。何をするかの彼の判断基準は楽しさであり、その行為の結果についてはまったく考えていません。ただ、日々、その時その時が楽しければそれでいいのです。哀しいことに、その後には楽しさの何倍もの苦しみが待っているのに、そのことを考えようとはしません。

彼の周りには多くの彼のような仲間と、魅力的な夜の世界、強烈な快感をもたらすドラッグの世界が魔の手を広げています。彼はそれらを捨てることができないでいます。当然、彼は覚せい剤を乱用することが犯罪であることも、両親を苦しめることも、自分の一生を台無しにしてしまうだろうことも知っています。しかし、止めることができないのです。それどころか、乱用を続けるためのお金を手にするために、自分にとって大切でかけがえのない仲間までその世界に引き込んだのです。

今や、若者と私たち大人との間に心の通じ合いが無くなってしまっています。これは、みなさんが悪いのではありません。私たち大人が同じ目の高さで、一人の人間として、しかも人生の先輩としてみなさんとともに生きることを止めてしまっていることに問題があります。子どもも若者もひとりでに成長はできません。彼らは心から大人たちの手助けを求めています。それなのに多くの大人たちはそれを無視しています。それどころか、若者を恐れ、避けています。私はここに若者のドラッグ乱用の背景を見ます。

どのような社会においても、その歪《ひず》みや矛盾《むじゅん》は必ず、その社会で最も弱い人間のところに一番大きな形で現れます。そして、最も弱い人間が最大の被害者となります。たとえば、戦争でも飢餓《きが》でも、一番先にその被害者となるのは子どもたちです。

今、私たちの生きる日本は、他の国と比べても、考えられないような繁栄の陰で大きな矛盾を抱《かか》えています。

「繁栄はしているが、何かむなしい」

ほとんどの人はこのむなしさを感じているでしょう。私たち大人はこのむなしさを感じても逃げることはできず、生きていかなければなりません。家族を養わなければなりません。また、このむなしさを向こうへと追いやる強さも、このむなしさを忘れるずるさも持っています。しかし、みなさんはどうですか。

ドラッグを乱用する若者はよく、

「ドラッグは決して裏切らない。親や教員や大人は裏切るけど、ドラッグは必ず嫌なことを忘れさせてくれる。ドラッグは一番の友人だ」

ということばを口にします。また、

「大人になってもいいことなんか何もない。どうせ社会の歯車になって動かされていくだけだ。今のうちに遊ばなきゃ」

とも言います。私はここに若者たちの本音《ほんね》を見ます。

私たちの社会の矛盾は、いま最も大きな形で若者のもとに現われ、みなさんを押しつぶしています。多くの若者たちは、私たちの社会の繁栄の陰にある閉塞《へいそく》の中で生き方を見失い、自暴自棄《じぼうじき》になってしまっています。そして、哀しいことに、多くの若者たちがドラッグにその救いを求めようとしています。

✴ドラッグに救いを求め、消えていった少女

私がC子と知りあったのは、まったくの偶然からでした。当時、私は一人のシンナー

中毒の女子高校生に悪戦苦闘させられていました。その彼女が、

「先生、この子をなんとか助けてやって」

と言って連れてきたのがＣ子でした。Ｃ子は顔色も悪く、目の回りには黒いくまができ、見るからにドラッグ中毒の姿でした。しかもその唇は腫《は》れ、目や頬《ほお》には殴られた跡がくっきりと残っていました。

彼女の話を聞いて、私は愕然《がくぜん》としました。

Ｃ子はひとりっ子で、父親は公務員でした。無類《むるい》の酒とギャンブル好きで、Ｃ子の子ども時代の父親との思い出と言えば、競馬場や競艇場、競輪場に一緒に行ったことと、母親が父親に殴られ泣いている姿だけでした。母親は、Ｃ子が小学生の頃、家計を助けるためにスナックを開業しましたが、まもなく常連《じょうれん》の一人と駆け落ちをしてしまいました。それ以降、Ｃ子は父親と二人で生活してきました。

Ｃ子は中学一年生の時、酔っぱらった父親によって性的な暴行を受けました。それ以降、父親は酔って帰ってくると、彼女に必ずと言っていいほど暴行を加えました。彼女が抵抗すると、彼女を徹底的に殴りました。

Ｃ子は中学校の非行グループに入り、そこでシンナーを覚えました。彼女は父親か

ら受けたからだや心の痛みをシンナーで癒《いや》したのです。テレホンクラブに電話しては、中年の男性にからだを売って、金を手に入れ、その金でシンナーを買って吸引しました。彼女は家でしかシンナーを吸わなかったため、警察には一度も捕まりませんでした。父親は一度も彼女のシンナー吸引を止めませんでした。彼女に言わせれば、そのほうが抵抗しないからでした。このような状況が二年以上続きました。この間に、彼女は二度、父親か売春相手との間にできた子どもを中絶しています。また、一度は家出をして、彼女を捨てた母親の新しい家庭を訪ねていきました。しかし、そこには居場所は無く、すぐに獣《けもの》のような父親の待つ家に戻りました。中学生の彼女にとって、そこしか行く場所がなかったのです。

そして、彼女が中学を卒業するころ、父親は酒の飲み過ぎで肝臓を痛め、仕事を辞めました。父親の収入が途絶《とだ》えたため、彼女は中学を卒業すると、高校へは行かず、中学校が紹介した仕出し弁当屋で働き始めました。それと同時に、夜は父親が見つけてきたスナックで働かされました。そのスナックは父親の行きつけの店で、毎晩のように父親が飲みにきて、そして彼女のアルバイト代を前借りするため、彼女は一度も給料を手にしたことがありませんでした。そして、彼女の父親は、以前に増して暴力的になりました。気に入らないことがあれば彼女を殴り、蹴り、そして襲う。彼女は、誰に相談することもできず、地獄のような日々を過ごしました。

そんな彼女が、勤めていた仕出し弁当屋で知りあったのが、私の知り合いの女子高校生だったのです。同じシンナー中毒だということがわかると、二人は本当に親しくなり、お互いの身の上を打ち明けあいました。そしてＣ子は、私の生徒が、

「何か嫌なことが家であったら、いつでも私の家においでよ」

と言った一言にかけて、父親から殴られた晩に家出をしました。

私はすぐに児童相談所に連絡を取り、Ｃ子を連れていきました。それと同時に、私はＣ子に、彼女の父親のしたことは立派な犯罪であること、私も一人の人間として許すことができないことを伝え、警察に訴えることを勧《すす》めました。

こうして、Ｃ子は児童相談所の保護下に入り、父親に関しては警察が動き始めました。Ｃ子は児童相談所の職員たちの暖かい保護のもとで一カ月間を過ごしました。彼女は親から捨てられて施設に入っている子どもたちの面倒をよく見て、「お姉ちゃん、お姉ちゃん」と慕《した》われました。私は彼女から、

「先生、私、こんなにゆっくりと寝れたの初めて」

と言われたとき、彼女のこれまでの日々を考えて、たまらない気分になりました。彼女の父親は警察での取り調べで、暴力をふるった事実は認めましたが、性的暴行に関しては否認《ひにん》を繰り返しました。警察からC子への、告訴《こくそ》するようにという強い願いがありましたが、結局C子は、父親がこれ以上自分に関わってこなければそれでいいと、訴えませんでした。私としても、警察としても、非常に悔しかったのですが、被害者としてのC子の気持ちを尊重せざるを得ませんでした。

母親も児童相談所に呼ばれ、これまでの事実を知らされましたが、今の生活を壊《こわ》すわけにはいかないし、C子を引き取ることはできない、という姿勢を崩《くず》しませんでした。

一カ月後、C子は児童相談所の紹介で、寮を持つ大きな病院の看護助手として働くことになりました。そして翌年には私の勤める夜間高校へ入学し、いつかは看護師の資格をとることを一つの目標としました。

それからのC子は水を得た魚のようによくがんばりました。シンナーからも足を洗い、昔の友人との関係はすべて断《た》って、新しい人生を生き始めました。私と彼女との思い出の中で最も幸せな時期でした。私は、一週間に一度は、彼女の休みの日に待ち合わせをし、食事をしながらいろいろな話をしました。ちょうど病院に勤め始めて一カ月たった頃、彼女が真っ青な顔で私との待ち合わせ場所に来ました。心配になった私が尋ねると、

「先生、今朝、私が面倒を見ていた患者さんが亡くなったんだ。それで、今まで霊《れい》安室《あんしつ》でお祈りをしてきたんだ。私ね、患者さんの魂が天国にいけるように、霊安室の窓を少し開けてきてあげたんだ」

と話してくれました。

こんなC子に変化が見られたのは、勤めて半年ほどしたころでした。そのころから、彼女から私への電話の数が減ってきました。また、私が会おうと言っても、疲れているからと言って断《こと》わることが多くなりました。私はすぐに彼女の勤める病院の看護師長さんに電話を入れました。師長さんの話から、欠勤《けっきん》が増えているということを知り、私はその夜、彼女の寮を訪ねました。彼女は寮にはいず、私は朝まで寮の入口に車を止め、彼女の帰りを待ちました。

彼女は朝五時頃、どう見ても暴力団風の三〇代の男に車で送ってもらって戻ってきました。私を見ると、ばつの悪そうな顔をしました。そして私の車の中で、二人で話

をしました。彼女の口から、まずこんなことばが出ました。

「先生、私だって遊びたいよ。私は親に捨てられた子だから遊んじゃいけないの？　私とタメの子たちはみんな遊んでるよ。私だって、昼は一生懸命働いてんだから、ちょっとくらいはめをはずしたっていいじゃん」

私が、

「そりゃ遊んだっていいさ。それどころか遊ばなきゃ。でも、一五歳という年齢にふさわしくね」

と言うと、

「でも、私と一緒に働いてる人たちだって、ちゃんと遊んでるよ。私だけまじめでいろなんて、先生ひどいよ」

と言い、泣き始めました。

落ち着かせて話を聞くと、彼女が病院の仲間と行ったカラオケスナックで、一人の男性と知り合ったこと、その男性は三七歳だけどとっても彼女に優しいこと、このごろはほとんど毎日彼とデートをしていることを私に話してくれました。私が、

「その男性と交際することはきみの自由だけれども、今はまず、仕事をきちんとこ

なし、来年の夜間高校への入学や将来看護師になることへの努力をすべきじゃないか?」

と言うと、彼女ははにかみながら、

「でも、先生、彼、結婚しようって言ってくれてるんだ。いつでも彼のアパートに来ていいよって言ってくれてるんだ」

とうれしそうに答えました。私は、彼女の病院に出勤する時間が近づいたため、ともかく今日は病院で働き、そのあと寮にすぐ戻るように伝え、その夜にもう一度話をすることにして、彼女を寮に帰しました。この日から、彼女は姿を消しました。

私は彼女を捜《さが》しました。しかし、見つかりませんでした。私はC子の彼の名前や居場所を聞いておかなかったことを悔やみました。そんな彼女から、私の知り合いの女子高生に連絡が入ったのは、一年ほどたってからでした。C子は病気になり、健康保険証を彼女から借りたくて電話をよこしたのです。彼女は、私が必死になってC子を捜していることを知っていたため、すぐに私に連絡をくれました。

私はこの女子高生とともに待ち合わせ場所に行き、彼女と再会しました。彼女は私も来ることを覚悟《かくご》していたようでした。喫茶店で、姿を消してからのことをぽつりぽつりと話し始めました。

彼女は、あれから三七歳の彼氏のアパートに転《ころ》がり込んだこと。その彼氏は「やくざ」で覚せい剤の「ネタや」をしていたこと。最初はすごく優しくしてくれたこと。彼氏の紹介で「風俗」の仕事をすることになったこと。そこで病気をうつされたらしく、陰部からおりものが止まらず、出血も続いていることなどをうつむいたまま話してくれました。

私が、夏の暑い日にもかかわらず、長袖の服を着ている彼女を見て、

「ポンプ（覚せい剤を注射器で打つこと）もやってるんだね」

と聞くと、こっくりとうなずきました。

「先生は君を捜《さが》したんだ。でも見つからなくて。彼と幸せでいてくれればと祈ってたんだけど。今でも彼のこと好きなのかい？」

と聞くと、彼女は首を大きく横に振りました。そして、

「でももう私、こんなになっちゃって、行く場所もないし、もうだめだよ」

と小さな声で悲しそうに言いました。

「そんなことないよ。どうだい、もう一度先生とやり直してみないかい？　まずは、その病気と覚せい剤依存症を治さなければ」

と説得すると、

「先生、本当にまだ面倒見てくれるの？　見捨てないでくれるの？　私、先生に黙って彼のところに行っちゃったから、きっと先生は怒ってて、相手にしてくれないと思ってた」

と泣き始めました。

私はそのまま彼女を連れ、薬物治療専門の病院に行きました。そして、事情を話し、緊急に入院をさせてもらうことになりました。その「やくざ」の彼に関しては、彼女の強い願いもあり、手を出すことはしませんでした。

二カ月ほどが平穏《へいおん》に過ぎました。彼女は病気の治療も終わり、覚せい剤依存症に関しても、順調にプログラムをこなしていきました。生活に関しても、福祉事務所と病院関係者の努力で一時施設に入ることができるようになり、退院を待つばかりとなっていました。

しかし、彼女はまた消えてしまいました。ドラッグ依存症者のミーティングで知りあった覚せい剤依存症の三〇代後半の男とともに。もうそれから四年の月日が流れましたが、彼女からの便りはありません。ただ、私は、彼女がドラッグの魔の手から逃れ、幸せでいてくれることを願うだけです。

私は彼女のことを思い出すたびに悔しい思いを持ちます。もし、私が彼女に施設や病院や職場ではなく、暖かい父親と母親のいる家庭を与えることができていたら、こんなことにはならなかったと。彼女の場合、必要だったのは、彼女を日々暖かく包む父親でした。そんな〝父〟を、彼女は自分の周りの男性に求め、自らを投げ出していきました。そして、自らをもっとぼろぼろにしていきました。

私は彼女を責めようと思ったことは一度もありません。私にとってのこの四年間は、彼女に対して何もできなかった私自身を責める月日でした。

もし、私が彼女を家族の一員として受け入れ、彼女が幼児期から経験することのできなかった、父親や母親の愛に触れさせることができたら、きっと彼女の人生は変わっていったでしょう。これが不可能だったことは、私にもわかってはいますが、何かもっと違う方法を取ることができなかったのかと、今も自問自答しています。

✴あらゆるドラッグを乱用し、ドラッグにまで捨てられた青年

D君と私との関係は、もうすでに七年にわたります。私は、彼が高校二年生の時に知り合いました。彼は、そのころすでにシンナーの乱用を三年間続けており、からだも心も頭もぼろぼろでした。

彼の両親は、彼が小学生の時に離婚しました。彼は、母親とともに地方都市にある母親の実家で、祖母と三人で生活をしていました。ところが、彼が中学一年生の時に、彼の母親は再婚することとなり、彼を一人祖母のもとに残し、横浜へと去っていきました。彼はそれから大荒れに荒れ、暴走族に入り、中学三年までに、暴行、傷害、恐喝《きょうかつ》、窃盗《せっとう》、強盗とあらゆる非行に手を出したと言います。シンナーもこの頃、暴走族の先輩に教わったそうです。

彼は、中学三年の時に世話になった少年鑑別所の指導員の努力で、高校生活を母親と新しい父親のもとで過ごすことになりました。最初は、彼なりに新しい父親に好かれようと努力したと言います。しかし、どうしてもうまくいかず、家出を繰り返し、そのたびに祖母のところに戻り、昔の仲間からシンナーを手に入れ、吸っていました。

そして、シンナーを一晩中吸い、ラリって学校へ行き、学校内で暴れてしまい、高校を退学になってしまいました。この彼の状態に危険を感じた母親が、彼を精神病院に入れ、そこで私と出会ったのです。そのころの彼は半端《はんぱ》ではありませんでした。ともかく、自分の周りの人でも物でもすべてを破壊しようと、暴れ回っていました。そのすごさに、暴走族の若者も、暴力団員さえも、彼に近づこうとはしませんでした。

私は今でも彼と最初に会ったときのことを憶《おぼ》えています。彼の目は焦点を結ばず、首やからだをゆっくりと回転させながら、ろれつの回らないことばで、

「こっから出せ。出さねえと、てめえらみんなぶっころすぞ」

と叫んでいました。私が、近づいていくと、

「こっちくんじゃねえよ」

と言いながら、椅子を私めがけて投げてきました。

それから一時間ほど、彼は、私をこづいたり怒鳴《どな》ったりを繰り返しました。少しずつ彼が落ち着いてきたので、私が、

「ともかく話をしよう。私に何かできるかもしれない」

と口を開くと、彼は、

「おかあちゃんを返せ。おかあちゃんを返せ」

と小さな声で繰り返しながら、泣き始めました。

その病院で二カ月を過ごした彼は、退院後、私の紹介で、住み込みで働くこととなりました。このころは、すべてが順調にいっていました。彼は、二年間完全にシンナーを断《た》ち、そこそこに喧嘩《けんか》やトラブルは起こしましたが、仕事のほうでも信頼されるようになっていました。私とも、週に一回はお互いに電話で連絡をとりあい、月に一回は会っていました。

そんな彼が、私のところに彼女を連れてやってきました。

「俺、もう少し金を貯めたらこいつと結婚すんだ。先生、その時は保証人やってくれるよな」

と言って、彼女を私に紹介しました。彼女は一七歳で、高校中退後、両親のやっている酒屋を手伝っていること、彼女とはその酒屋にいつもジュースを買いに行っていて知り合ったことなどを話してくれました。

この彼女から、「先生、助けて」という電話をもらったのは、それから半年もたたないころでした。私が車を飛ばして、彼女の家に行くと、彼女と彼女の両親が私を待っていました。彼女の顔は大きく青く腫《は》れ、唇は切れ、腕や足にもたくさんのあざができていました。また、彼女の父親の店の入口のガラスは、みんなたたき割られていました。

彼女は部屋に入るととたんに泣き始め、

「先生、助けて。D君はおかしい。彼と今までつきあってきたけど、もう耐えられない。彼は私にお母さんを求めてる。甘えて甘えて、そのくせ、少しでも気に入らないことがあると、キレて私をぼこぼこにするの。私、もう我慢《がまん》できなくて、さっき、別れるって電話したら、殺してやるって言って私の家まできて、私を出せって暴れて、お父さんが警察を呼んで連れていってもらったの」

と話してくれました。私は彼女と両親に謝り、

「二度とこんなことはさせないようにします。もし、本人が反省していたならば、許してやってほしい。二度とお嬢さんには近づけませんから」

とお願いをし、警察に向かいました。

彼は器物損壊《きぶつそんかい》の現行犯で逮捕されており、警察でも取り調べの警察官相手に暴れていました。その後、私が間に入り、彼女の父親からの訴えを取り下げてもらい、彼を引き取りました。当然、彼とは彼女に二度と近づかないという約束をしました。

これ以降の彼は私を恨《うら》みました。そして、まずはアルコールに救いを求めました。

酔っては、

「お前は俺から母親を奪い、彼女まで奪った。これから、お前を殺しに行く」

という電話を、深夜かけてよこしました。そして仕事もクビになり、消えてしまいました。私も心当たりを捜《さが》したのですが、どうも東京にいるらしいという噂《うわさ》しか聞こえてきませんでした。

そんな彼から、突然、夜中に私のもとに電話が入ったのは、それから三年が過ぎたころでした。

「先生、助けて。苦しいんだよ。死にそうなんだよ。今、伊勢佐木《いせざき》町で倒れてる。動けないんだ」

私はすぐに車で向かいました。そして、道に倒れていた彼を拾《ひろ》い、病院に緊急入院させました。彼はアルコールと「アップジョン」と呼ばれる睡眠薬ハルシオンを多量に飲んで急性薬物中毒となり、動けなくなっていたのです。

数日後、彼が落ち着いてから、彼の話を聞きました。彼は私のもとを去ってから、ボーイズバーでホストをやっていたそうです。そして、アルコールだけでなく、覚せい剤、コカイン、マリファナ、睡眠薬とあらゆるドラッグに手をつけていきました。

彼は覚せい剤やコカインは嫌だったと言っています。それは嫌なことが忘れられるどころかかえって思い出し、イライラしてたまらなくなってしまうからだと言っていました。ところが、一年くらい前から、どんなドラッグを飲んでも眠れず、また、嫌なことが忘れられなくなり、それでもと一日中アルコールと睡眠薬を乱用していました。そして、肝臓《かんぞう》から始まり、からだ中をもう修復できないほどぼろぼろにしてしまいました。

彼は今、もう一人の自分とたたかっています。

「先生、俺を見ている俺がいるんだ。そして、俺にちょっかいをかけてくるんだ。こいつを殺してくれ」

と、意識がはっきりしているときに言います。医師の話では、精神分裂の中期なのだそうです。

それでも、私が病院に行くと、私の手を握《にぎ》りながら、

「先生、俺、ドラッグにまで捨てられちゃったよ。もう、何を使っても気持ちよくなれないんだ。俺、どうやって生きていけばいいのかなあ」

と言います。

私には、何が彼をここまで追い込んでしまったのかわかっています。決して彼が悪いわけではありません。しかし、もう彼はもとには戻れないところまで来てしまっています。彼のこれからを考えると、私は哀しくなります。彼の脳や肝臓は長年のドラッグ乱用で完全に傷《いた》んでしまい、もう修復不能なのです。彼にはもはや普通の生活は存在しません。

✴シンナーだけを友人として孤独に生きる少年

Ｅ君は、どちらかといえば裕福な恵まれた家庭で育ちました。少年時代は地元の少年野球チームに所属し、活躍していたそうです。そんな彼に大きな転機が訪れたのは、彼が小学校六年生の時でした。彼の母親が、仕事一辺倒《いっぺんとう》で家庭や彼女を大切にしない父親に見切りをつけて、他の男性と駆け落ちしてしまったのです。彼は父親の元に残されました。彼にはこのころ、両親の事情がよくわからず、父親が母親を家から追い出したと思っていたそうです。

そして彼は、中学に入ると、ツッパリグループの一員となりました。そして、暴走族の先輩から勧《すす》められて、仲間みんなでシンナーに手を出しました。彼は、シンナーとの最初の出会いで、シンナーの魔力に完全に捕まってしまいました。そして、父親が出張が多く、留守がちなことをいいことにして、自宅を不良仲間の溜《た》まり場としてシンナーを吸い続けました。

そのころの彼を知る若者から、そのころの彼のようすを聞いたことがあります。それは、地獄のような姿だったといいます。彼が話ができるほどまともな状態なのは、シンナーをまとめて手に入れるために、友人のところへ行くときか、新宿へ行くときだけで、後は、一日中シンナーを手放すことなく、ラリっていい気持ちになっているか、だれかれとなく喧嘩《けんか》を売って騒いでいるかだったそうです。あまりのひどさに、仲間たちも、

「あいつといると、あぶない。警察にぱくられるか、殺されるかだ」

と一人また一人と去っていきました。

そして中学卒業後、彼は高校進学もできず、ただ一人家でシンナーだけを友人として生きる生活をすることとなりました。彼の父親は、初めは相当強い調子で意見をしたそうです。しかし、

「みんなお前が悪いんだ。お前なんか殺してやる」

と叫びながら家中を荒し回る彼にほとほと手を焼き、ずっと放任《ほうにん》を続けていました。父親にとって警察沙汰《ざた》にして自分の社会的立場に影響が出るくらいなら、このままシンナー乱用を続けて、死ぬか廃人《はいじん》になってくれたほうがいいと考えたのだそうです。

彼がシンナーを新宿で手に入れ、横浜の山下公園で一人吸っているところを私が通りかかり、私は、彼と知り合いました。彼がちょうど一六歳の時でした。彼はとろんとした目で私を見上げ、

「お前、警察か。捕まえろよ。捕まえてみろよ」

と言いました。私が高校の教員であることを告《つ》げると、

「じゃあ、てめえには関係ねえだろう。あっち行けよ」

と突っかかってきました。私は、

「そばにちょっとくらいいさせてくれてもいいだろ。じゃまはしないから」

と、彼に伝え、彼の横に座り込みました。

それから、私は朝までその公園で彼の横に座り、彼に話しかけました。彼も最初は私を無視していましたが、時間がたつにつれ、少しずついろいろな話をしてくれまし

た。その話の中で彼が何度も繰り返したのは、

「おふくろも俺を捨てた。おやじも俺を捨てた。仲間だって俺を見捨てた。もう俺にはシンナーしか残ってない。シンナーだけが俺の友だちなんだ。シンナーだけは、俺を裏切らない。必ず、嫌なことを忘れさせてくれる」

ということばでした。最後にはなみだをぼろぼろ流しながら、このことばを、自分に言い聞かせるように繰り返しました。私は、

「シンナーを止めれば、きっといいことがあるよ。一緒にやってみないか」

ということばを何度もかけました。

朝方《あさがた》、横浜の港が明るくなるころ、彼がぼそっと、

「先生、俺、シンナー止めてみようかな」

とつぶやきました。この一言から、彼と私の今日までの六年にわたる関係が始まりました。残念ながら、今のところハッピーエンドとはなっていませんが。

私は、この六年間、彼の父親とともにさまざまな方法で、彼をシンナーの魔の手から引き離そうと試みました。私と知り合ってから、彼の父親も生き方を変え、彼中心の生活を組み立てていきました。私は彼を薬物依存症治療の専門病院に入院させたり、

自助グループに参加させたり、私の友人の山小屋に預けたり、私の家庭に家族の一員として迎え入れたりしました。しかし、一カ月か二カ月は、彼もシンナーなしの生活ができるのですが、結局は再度乱用を繰り返してしまう。この六年間、これを繰り返してきました。

私がシンナー乱用を繰り返す彼の姿を見て、悲しい顔をすると、彼はそのたびに、

「先生、これが最後だよ。もうやんないよ。先生、見ててくれよ。ちゃんとするから」

と言いました。このことばを、彼の口から何度聞いたことでしょう。

今、彼は拘置所《こうち》にいます。シンナーを手に入れる金のため、通りがかりの主婦のハンドバッグを奪おうとして、強盗未遂《ごうとうみすい》で警察に逮捕され、今裁判の最中です。彼は今二二歳ですから、当然刑法によって裁かれ、実刑が科せられることは間違いないでしょう。

私は、彼の裁判が始まる直前に一度だけ面会に行きました。わずか五分間の面会でしたが、私がその時に言ったことばで、彼は興奮して暴れ、面会中止にされてしまいました。私は彼に、

「もう、君の父親も、私も縁を切る。当然、自分のやったことはきちんと償《つぐな》わなくてはならないが、その償いの後の君の人生は君一人の力で生きていきなさい」という、ひどいことばを言ったのです。みなさんの中には、「それはひどすぎる。今まで助けてやると言っていながら、一番困っているときに見捨てるなんて人間じゃない」と思う人も多いでしょう。

でも、私と彼の父親はこの六年間を振り返って、彼がシンナーを止められないのは、彼自身の中にある甘さが原因だと考えたのです。彼の家庭は裕福です。彼が別に働かなくても彼を生活させていけるだけの資産があります。彼はそれに甘えて、働くことも長続きせず、ぶらぶらしていました。またこの六年間、私をはじめ医師や自助グループの人たちは彼の何度も繰り返す過《あやま》ちにもかかわらず、彼をあたたかく受け入れて守ってきました。彼はそのやさしさに甘え、もう一度くらいシンナーを乱用してもなんとかなると考えてきたのではないでしょうか。

そこで今回は、彼に「底つき」を経験させようとしたのです。「底つき」というのは、薬物依存症の治療の際によく使われることばです。つまり、依存症の治療には、乱用者本人のドラッグの魔の手から逃れたいという強い動機付けが必要であり、そのためには、乱用者本人が、乱用を繰り返す自分に危機感を持たなくてはならないということです。言い換えれば、「行くところまで行かなければ、ドラッグは止められない」ということです。

彼はこれから一〜二年の刑務所生活を、この「ついにたった一人になってしまった」という「底つき」の中で過ごすことになります。そこから更生し一人の自立した人間として、シンナーの魔の手を断ち切《た》って生きていく道を彼が選ぶのか、それとも刑務所で新たな仲間を見つけ、また同じことを繰り返していくのか、私にはわかりません。

でも、私は彼の父親と約束をしています。彼が出所するとき、二人で迎えに行こうと。そして、甘いかもしれませんが、私たちの姿を見て、きっと彼はわかってくれると信じています。

ドラッグはどのようなものでも、人の心をむしばんでいきます。そして、その人間からすべてを奪っていきます。ドラッグは、それを乱用する人にも、その乱用者の周りにいる人にも哀しみしか与えません。

✴ドラッグと売春で青春を生きる少女

F子は私にとっては〝新人類〟とも言うべき不思議な存在です。彼女と知り合ったのは全くの偶然からでした。

私が高校の教員だった頃、週に一～二度、学校の帰りに盛り場を見回ることにしていました。そんな時に、横浜駅の近くの「ナンパ橋」と若者たちに呼ばれる有名な場所で、私に声をかけてきたのが彼女でした。当時、そこには多くの女の子のグループがナンパされることを求めてたむろしていましたが、彼女は一人で、私も知っている有名な私立の制服を着て橋の欄干《らんかん》にもたれて立っていました。ルーズソックスに短いスカート、眉《まゆ》は細く整え、唇には口紅というおきまりの格好で。

「おじさん、私いま暇《ひま》なんだ。どっか遊びに連れてってよ」

これが彼女が私に最初にかけたことばでした。私にとって、これは初めての経験でした。私はいつも、厳《いか》つい顔をして盛り場を回っていました。私の生徒たちに言わせると、どう見ても「マッポ」、すなわち警察官のような目をして夜回りをしていました。これまで、私に自分から声をかけてくる若者などいませんでしたし、いつもうさんくさい存在として、近づけば逃げられていました。それがまた、私にとっての夜回りの一つの効果でもありましたが。

私は彼女のかたわらに座り、彼女と話し出しました。

「こんな時間に、こんな場所にいたら危ないんだよ」

と言うと、すぐに彼女は警戒し、

「おじさん、もしかしてやばい人？」

と逃げ腰になりました。私が、

「やばい人って、やくざ、それとも警察？　どちらでもないよ。どういうわけか、教員だよ」

と言うと、

「なんだ、スケベ教員か」

とけらけら笑い、

「先生って、スケベが多いわりにみんな無理するんだよね。私の中学校時代の教員だって、私たちが教室で着替えていると、お前たち遅いぞなんて言いながらのぞきに来るんだ。でも、おじさんは許してあげるよ。スケベ丸出しだから」

と言いました。

私は苦笑しながら、車で来ていることを伝え、F子を車に乗せました。彼女は車に乗ると、

「おじさん。いい車だね。どこ連れてってくれる？　どこでもいいけど、おじさん、お金持ってんでしょ。付き合ってあげるからすこし援助して」

と言いました。

私はすぐに近くの警察署へと車を走らせました。その駐車場で彼女に、もし警察に渡され、補導《ほどう》されるのが嫌だったら、家まで送るから、自分の家を教えるように言いました。すると、

「やっぱ警察か。捕まえるなら捕まえればいい。何も悪いことはしてないんだから」

と私に怒鳴《どな》ってきました。

私が、

「別に君を警察に渡す気はないが、ともかく、君のやっていることを見過ごすわけにはいかないんだ。ご両親とも話したいし」

と言うと、

「なんで、私だけ。さっきだってほかにいっぱい援助やってる子がいたのに。それに、親と話したってむだだよ。親は親で楽しんでるんだから。私のことは放任《ほうにん》」

と私にくってかかりました。そして、私が話を続けようとすると、

「うざったいんだよ。帰るよ」

と言って車から降り、走り去りました。

次に彼女と会うまでに、それほど時間はかかりませんでした。

私がその一週間後、夜回りの後、警察署に立ち寄ると、彼女は補導されていました。

私が知り合いの警察官に、

「彼女、どうしたの?」

と聞くと、警察官は、

「援助、援助、常習《じょうしゅう》だよ。今回は、家裁《かさい》」

と吐《は》き捨てるように言いました。彼は、F子はこれまでにも数回補導されており、そのうちの何回かは「援助交際」（売春）で補導されているということを教えてくれました。

私が彼女の座っている長椅子《ながいす》の側《そば》に近づくと、彼女は、

「なんだ、おじさんか。私、運が悪いんだよね。先週がおじさんで、今週はマッポ」

と笑いながら言いました。

そこで、Ｆ子と私は朝まで話をしました。彼女は、彼女のやっていることが、これからの人生をめちゃくちゃにしてしまうことだと私がくり返し話をしても、まったく理解しませんでした。

彼女が最後に言ったことばは、

「私は誰にも迷惑はかけていない。からだは、私のものなんだし、それをどうしようが、私の勝手でしょ、なんで文句を言われなければならないの？」

でした。彼女は朝方《あさがた》、引き取りに来た両親と帰って行きました。

次に彼女と会ったのは、なんと薬物依存症の治療専門の病院でした。最初に彼女と会ってから一年の月日が過ぎていました。

私がその病院に入院している若者の面会に訪れたところ、待合い室に母親と座っていました。私が近づいて挨拶《あいさつ》をすると、

「先生か。なんでこんなところにいるの？」

と話しかけてきました。私がここに入院している生徒の面会に来たということを伝え、

「君こそ、なんでこんなところにいるんだ?」

と尋ねると、彼女は、

「家でポケットに入れてたS（覚せい剤）が見つかっちゃって、ここに連れてこられちゃったんだ。遊びだし、深入りしたらやばいことは知ってるから、めったにやってない。病院なんて行かなくても大丈夫って言ったのに」

と答えました。

すぐに彼女の名前が呼ばれ、彼女は、

「じゃあね。先生」

と私に手を振り、母親とともに診療室へと入っていきました。

それからも私は彼女に数度、あの「ナンパ橋」で会いました。会うたびに、私は彼女に話しかけるのですが、彼女は、

「うるさいんだよ、おやじ。あっちへ行け」

と面倒くさそうに言います。今、彼女が、どうしているのか、私にはわかりません。

売春と覚せい剤からうまく卒業していてくれればいいのですが、世の中がそんなに甘くないということを私は知っています。

今、F子のような女子高校生が増えています。みなさんの周りにも必ずいると思います。彼女たちは家庭や学校で満たされないということをなんとなく感じています。そして、それがどうしてか、またどうすれば満たされるのかをきちんと考えることはしません。ただその満たされない気持ちを「遊び」で忘れるために夜の街に出るのです。また、その「遊び」にかかる金を稼ぐために安易にからだを売るのです。

大人になれば暇もないし、大人になってこんな「遊び」をするのは、ばかなことだし、したくもない。だから、若いうちにできるかぎりの「遊び」をしておく。そのためには手段も選ばない。今、多くの若者たちがこのように考えていることを私は知っています。

でも私には、大人に食いものにされ、自分の人生をめちゃくちゃにしているようにしか見えません。確かに売春で大きな額のお金は手に入るでしょう。でも、失うものはもっと大きいのではないですか。また、ドラッグで一時的な快楽を手に入れることはできるでしょうが、本当の幸せは手に入るのでしょうか。このような若者たちには哀しみが手を広げて待っています、悲しいことに。

✴精神科の処方薬を八年にわたってＯＤを続けた二三歳の女性

私がいま関わっている二三歳の女性がいます。彼女は小学校五年から学校で猛烈ないじめに遭《あ》いました。シカト、誰からも相手にされず孤立させられたり、靴の中に画鋲《がびょう》を入れられたり、机の上に「死ね」「うざい」「学校来るな」などと落書きをされたりというひどいいじめに遭いました。

そして、六年生から学校に通えなくなり、不登校になりました。中一からはリストカットを始め、それに気づいた親に連れられて、精神科へと行きました。そしてその病院で処方する処方薬の乱用を始めてしまいました。

精神科の薬は医者の処方通り服用していれば全く問題のない、治療のために役立つものです。でも、それを規定の五倍、一〇倍と飲んでいく。一〇錠飲んだら、こんなに楽になった。二〇錠飲んだら、五〇錠飲んだら……。中二から二一歳で私と出会うまで、精神科の処方薬のＯＤ（過剰摂取）を続けていました。

私のことをテレビで知り、初めて送ってきたメールの内容は、「先生、死にたい。死にたい。薬一〇〇錠飲んだ。これで死ねるよね。でも、最後に先生の声を聞きたいな」。電話番号が書いてありました。私は電話をしました。もう、人の声とも思えないラリった声で、たぶん、私の声も心や頭に響《ひび》かないだろうなと思いましたが、必死で彼女に訴えました。

「生きてなさい。薬が切れたら、ちゃんとお話をしよう。先生になってあげるよ」

この一言で、三日間薬を止めました。毎日のように乱用していたODを止めて、私に電話をくれました。少しはっきりした声でした。そして、いじめに遭《あ》ったこと、いじめから不登校、ひきこもりになって、その中でリストカットやODを繰り返してきたことを話してくれました。彼女にとってドラッグだけが救いだったそうです。

「学校に行きたい」「人の前に出たい」「街に行きたい」……でも、いじめで傷ついた彼女は、人が怖く、周囲が怖く、外に出ることができません。いつも苦しい夜、寂しい夜になると、自分のからだを傷つけ、ODをすることで救いを求め、生き抜いてきた長い年月でした。

彼女と一年間にわたって関わっていますが、非常にたいへんです。何種類かの精神科の薬を長年にわたり、処方された何十倍の量を乱用してきたため、その処方薬が彼女の脳の中にさまざまな障害をもたらしています。視力は非常に落ちていますし、からだ全体が思うように動かない。指先はいつも震え、目もきちんと一点を見つめることができません。

私の知り合いの医者のところに入院をして、薬の量を一生懸命減らしています。でも、明日が見えません。今も一週間に何回かは「死にたい。死にたい。助けて。先生の声を……」というメールを一晩に数十本と送ってきます。そのたびに、「ついているよ。水谷はついているよ。明日を作ろうね」と。しかし、彼女に明日が来るのかどうか、私にはわかりません。長年のドラッグの乱用が、彼女の脳を壊しています。でも、信じるしかありません。私たちはこう言います。

「薬物乱用は、乱用した年月の三倍、きちんと薬物を止め続けていられれば、ある程度人間のからだは元に戻る」

彼女が乱用してきたのは一三～二一歳まで、八年間です。その三倍は二四年間。二四年後、彼女が普通の生活ができることを祈って、今は彼女の側《そば》に居続けています。

✴ガス吸引で失明寸前になった一八歳の少女

私が関わっている一八歳の少女は、小さい時からいつも成績優秀な姉と比べられていました。「お姉さんと同じ中学に行きなさい」と言われていましたが、受験に失敗してしまった。その日から、彼女は崩れました。夜の世界に入っていった。渋谷、新宿……夜の街をさまよいながら、夜の仲間たちに救いを求めた。しかし、それは一時の救いにしかなりませんでした。いくら、男たちにかわいがられ、ごちそうになったり、物を買ってもらっても、それが次には、「なんであんなことをしたんだろう」と何十倍の苦しみ、哀しみとなって帰ってくる。でも、家に帰れば、彼女が見るのは、怒り狂う父親と泣きじゃくる母親、さらに彼女は夜の世界へ入っていきました。

彼女が中三の時、ふと手を出したのがガス吸引でした。最初はライターガスを、後には市販の家庭用カセットコンロのガスをビニール袋に詰めては吸引しました。それを繰り返しました。高校進学もやめてしまった彼女は、夜の街に出る気力すらなくしていました。家でガス吸引を続けていました。親がガスのボンベを隠せば、近くのコンビニで万引きをし、ガスを乱用する。見かねた母親が、私のところへ相談をしてきました。彼女は一七歳になっていました。

私はすぐに彼女を薬物依存症の専門の病院に入れました。彼女のからだを診てもらったのですが、CT検査の結果を見て、私も両親も絶句《ぜっく》しました。前頭葉《ぜんとうよう》を中心に、脳の全体の三分の一が白く抜けていました。もう、彼女の目はほとんど見えません。失明の一歩手前でした。歩き方も、つま先で歩く「つんつん歩き」、よろよろとか弱く歩くことしかできない。医者も「治せません」と言いました。

今、彼女は二カ月間のうち、三週間は精神科の病院に入院をしています。精神が不安定になった時に、薬で抑えながら病院の中で過ごし、安定するとしばらく家に戻る。それを繰り返しています。彼女はもう二度と、太陽の下をお父さん、お母さんと手を組んで、あるいは自分の愛する人と愛する子どもと手を組んで歩くことはありません。

Ⅲ あふれるドラッグ

みなさん、ドラッグってなんでしょう？　わかりますか？　たった二つのことばで説明することができます。

一、やるとやめられないもの。依存性物質を意味します。

二、やると捕まるもの。

「やると捕まるもの」についてはきちんと覚える必要があります。法律によってその使用が禁止されている薬物、法律によってその使用が制限されている薬物です。「法律によってその使用が禁止されている薬物」については、後で述べます。

それでは、「法律によってその使用が制限されている薬物」はなんでしょうか。それは三つあります。アルコールとタバコと処方薬です。アルコールとタバコは、使用について年齢による制限を受けます。「未成年者飲酒禁止法」と「未成年者喫煙禁止法」の二つの法により、二〇歳未満の子どもたちがタバコやアルコールを使うことは厳しく禁じられています。でも、これをわかっていない大人たちが非常に多いようです。

私が大阪駅の周辺を夜回りした時、とても悲しい思いをしたことがあります。午前一時が近づいていた頃、駅の周辺を歩いていると、一人の女の子が倒れていました。

のどに吐いた物が詰まり、目を白黒させ、息ができない危ない状況でした。その背中を三〜四人の女の子たちがさすっていました。周りは十数人の、どう見ても大学生、一人は教員風の人たちが取り囲んでいました。

「なにやってるんだ」、私は飛び込みました。「早く水を買ってこい」。そして、彼女の口から吐いた物を吸い取り、必死で背中を叩いた。ゴホゴホ……、しばらくして、彼女はなんとか息を取り戻しました。すぐに、大学生たちに「救急車を呼べ」と怒鳴《どな》り、彼女を病院に搬送《はんそう》させました。

それから、僕はその教員風の人に言いました。「あなたは教員ですか」「はい、そうです」「あの子はいくつですか」「一回生です」「一〇代ですね」「はいそうです」「じゃあ、これからパトカーを呼びます。警察に自首《じしゅ》しなさい。未成年にお酒を飲ますことを、あなたが付いていながら、なぜ認めたんですか」。

この先生は大学を懲戒免職《ちょうかいめんしょく》になりました。その場にいた、二〇歳以上の成人の大学生たちはすべて、大学から無期停学《むきていがく》処分を受けました。法は守るためにあります。みなさん、わかりますか？

タバコも同様です。

もう一つ、処方薬というものがあります。処方薬は医者が病院で患者に対して出す薬のことです。みなさんは処方薬を誰か他の人に渡したことはありますか。あげたことがある人はすぐに警察に自首なんですよ。処方薬はそれをもらった本人が飲むか捨てるかであって、それを他者に渡すことは立派な犯罪になります。もしも、あなたがあげた薬が向精神薬や睡眠薬、抗うつ剤だったならば、「薬物四法」(「あへん取締法」「麻薬及び向精神薬取締法」「大麻取締法」「覚せい剤取締法」)と呼ばれる四つの法律の中で最も重い「麻薬及び向精神薬取締法違反」、タダで誰かに渡して三年の懲役刑、お金を取って営利目的と見なされれば、七年の懲役刑に服さねばならない、重大な罪になるのです。知らないでは済まされないのです。

さて、ドラッグというと、みなさんはシンナーや覚せい剤、マリファナなどの大麻を思い浮かべるでしょう。しかし、ドラッグはもっともっと種類も多く、みなさんの周りに出回っています。

一般的にドラッグと言った場合、すべての依存性のある薬物のことを意味します。たとえば、ガソリンもライターのガスも立派なドラッグですし、薬局で市販される咳《せき》止《ど》めなどにもドラッグと呼ばなければならないものがたくさん存在します。また、タ

薬物のからだへの作用からの分類

抑制系（ダウナー系）	アルコール・アヘン・モルヒネ・シンナー・睡眠薬・精神安定剤・ガス・マリファナなど
興奮系（アッパー系）	覚せい剤・コカイン・咳止めシロップ・ＬＳＤ・タバコなど
幻覚系（サイケデリック系）	ＬＳＤ・MDMA（エクスタシー）・シンナー・マリファナなど

バコやアルコールも成人にはその使用が認められていますが、立派なドラッグです。

これらのドラッグを乱用することは法律で厳しく禁止されており、乱用すれば厳しく罰せられます。また、乱用を繰り返せばどのようなドラッグでも、それなしでは生きることのできない依存症となります。そして、乱用をさらに繰り返し、死を迎えることとなってしまいます。

ドラッグはその人間のからだや脳への作用から、上の表のように大きく三つに分けることができます。それは、抑制《よくせい》系（ダウナー系）、興奮系（アッパー系）、幻覚系（サイケデリック系）の三つです。

抑制作用をもたらすドラッグには、アルコール、麻薬系ドラッグ（アヘン、モルヒネ、ヘロインなど）、睡眠薬、シンナーなどの有機溶剤《ゆうきようざい》、ガスなどがあります。これらの抑制系のドラッグは、それを乱用すると人間の感覚や思考、行動の機能を低下させ、鈍《にぶ》らせます。このことから、乱用者たちからは英語を使ってダウナー系とも言われています。また、痛みを感じなくなったり、乱用初期には多幸《たこう》感や充足感、陶酔《とうすい》感をもたらします。

そのため、現実逃避《げんじつとうひ》の安易《あんい》な手段として、現実に問題を抱えて精神的にまいってい る人ほどこの種のドラッグに救いを求め、死への泥沼《どろぬま》に入り込んでしまいます。

興奮系のドラッグは覚せい剤やコカイン、タバコなどに分類されます。この種のドラッグはその乱用によって、いわゆる「すきっとした感じ」や、高揚《こうよう》感、万能《ばんのう》感をもたらします。眠気を抑《おさ》え、不眠症状態を作りだし、乱用初期には脳の働きも活発化します。このことから、この種の薬物はアッパー系と呼ばれることもあります。

幻覚系のドラッグはLSD、シンナー、「エクスタシー」などの名前で、ラブドラッグとして乱用されるMDMA、「エンジェル・ダスト」と呼ばれ、アメリカで広く乱用されているPCPなどに分類されます。若者たちの間では、さまざまな幻覚がもたらされることから、「サイケデリック」とも呼ばれています。これらのドラッグは脳の一部の機能を麻痺《まひ》させ、感覚が鋭敏化し、さまざまな幻覚を乱用者にもたらします。しかし脳への非常に強い作用を持ち、その乱用は精神異常を引き起こします。

これらの三つの分類は、あくまでもそれらのドラッグの乱用初期の作用から分類したもので、大量の乱用、長期の継続的な乱用によっては、抑制系のヘロインが幻覚を生み出したり、興奮系の覚せい剤が幻覚作用を持ったりと、さまざまな複合的な作用をもたらします。

しかし、いずれのドラッグにも共通するのは、私たちの大脳中枢《ちゅうすう》に直接作用して、私たちの意志とは無関係にさまざまな状態を作り出すということです。

それは多幸感や陶酔感であったり、万能感や幻覚であったりしますが、いずれにしても強烈な快感をともなう快体験であり、乱用した人の心の不安感や痛みを忘れさせてくれます。ただしそれは最初だけで、後には死へのまっすぐな道があるだけです。

また、ほとんどのドラッグは耐性《たいせい》というやっかいな性質を持っています。それは、乱用者がそのドラッグに慣れてしまうということです。つまり、乱用を繰り返していくと、これまでのような快体験を得るためには、さらに多くのドラッグをさらに頻繁《ひんぱん》に乱用するしかなくなるのです。それとともに、ドラッグが切れた状態では不安や不快感でたまらなくなります。

こうして、ドラッグの乱用者はドラッグなしでは生きることができなくなります。

これが依存症の状態です。あらゆるドラッグは、乱用すればこの依存症に陥《おちい》ります。こうして乱用者は、乱用を繰り返し、確実に廃人《はいじん》となるか、肉体的な死を迎えることとなります。

それでは、一つひとつのドラッグについて、きちんと見ていきましょう。

✴ゲートウェイドラッグ（入門薬）としてのタバコ

タバコがドラッグの一つと言うと驚く人も多いと思います。しかし、タバコに含まれるニコチンは非常に依存性の強い興奮作用を持つドラッグなのです。

まず、依存ということばをきちんと理解してください。依存というのは、あるものがなくてはならない、ないと不快になる状態を指《さ》します。

この依存には二通りあります。

一つは精神的依存です。これは心の依存と考えるといいと思います。一度ドラッグを乱用してしまうと、その時の快感や充足感が脳の記憶中枢《ちゅうすう》に刷《す》り込まれてしまいます。そしてその快感や充足感を再度求める欲望が生じます。これが精神的依存です。

興奮系薬物	作用	精神依存	身体依存	乱用症状	大量乱用時	禁断症状	乱用法
タバコ （ニコチン）	興奮	中度	中度	血圧上昇 爽快感 興奮 心拍数上昇 食欲減退	肺の痛み 喉の痛み 味覚低下 臭覚低下 脳の機能低下	イライラ 集中力低下	吸煙

もう一つは身体的依存です。これはからだの依存と考えるといいと思います。一部のドラッグは乱用を続けていくと、からだの中にこのドラッグの成分が入っていないとさまざまな禁断症状を引き起こします。それはいらいらであったり、手足の震《ふる》えであったり、七転八倒《しちてんばっとう》の苦しみであったりします。この禁断症状は再度そのドラッグを乱用すれば収《おさ》まります。

タバコはこの二つの依存を共に持ちます。特に精神的依存性は強く、一部の医師たちはドラッグの中でも止めることの最も困難なものの一つにあげています。また、イライラ程度ですが身体的依存も持ちます。

タバコはその中に含まれるタールが肺を汚し肺ガンのもととなることから、その健康被害が大きく問題とされていますが、ニコチンの強い依存性も忘れてはなりません。また、現在多くのドラッグが煙や気体の吸引という方法で乱用されるために吸引の最初の体験となり、煙や気体を吸引することに慣れるための道具となってしまっています。

私が知っている限り、覚せい剤や大麻の乱用を繰り返す若者たちのほとんどがタバコの常習者です。このことから一部の専門家の間では、タバコはあらゆるドラッグへのゲートウェイドラッグ（入門薬）と呼ばれています。

タバコは確かに法律で二〇歳を過ぎれば、その乱用が認められています。このことから、「タバコなんてたいしたことないよ」とか、「大人だってみんな吸ってるんだから」などと考える人がいたら、それは、間違いです。タバコの喫煙が法的に認められていること自体に問題があるのです。タバコは、非常に害の多い、恐ろしい薬物であることを決して忘れないでください。

✴最も恐ろしいドラッグの一つとしてのアルコール

みなさんはお酒を飲んだ経験がありますか。あるアンケート調査では、中学生の五割、高校生の八割が飲酒の経験があるという数字が出ています。今、多くの大人たちはみなさんと仲間意識を作ろうとして、みなさんにアルコールを勧《すす》めます。アルコー

抑制系薬物	作用	精神依存	身体依存	乱用症状	大量乱用時	禁断症状	乱用法
アルコール	抑制	中度	中度	言葉のもつれ 混迷 泥酔	散瞳 頻脈 昏睡 死亡	不安 不眠症 振せん 精神錯乱 死亡	経口

散瞳＝明るさの変化にかかわらず、瞳が開いたままになること。特に覚せい剤の乱用者はまぶしさをやわらげるため、サングラスなどを常用することが多い。また、乱用時には部屋を閉め切り、光が入らないように窓のカーテンを閉め、暗くすることが多い。**頻脈**＝脈拍が早くなること。**振せん**＝無意識のうちに頭部や上半身を前後にあるいは回転して動かし続けること。

ルのもたらす恐ろしさは、この日本ではあまり認識されていないようです。

私は仕事がら、薬物依存症の治療専門病院に行く機会が多くあります。これらの専門病院は、多くはアルコール依存症の治療を主に行なっています。そこで出会うアルコール依存症の人たちを見ると、アルコールというドラッグの恐ろしさがよくわかります。

アルコールは非常に強い抑制作用を持つドラッグです。しかし、飲用という胃を経由する乱用形式を取るため、からだに直接吸収される量には限りがあります。もしみなさんがアルコールを直接静脈《じょうみゃく》に注射したならどうなるでしょう。まず確実に急性アルコール中毒で死に至るでしょう。これほど、アルコールは強いドラッグなのです。

日本では多くの人が、アルコールを口にすることを成人への通過儀式として扱っています。それと同時に、友だちづきあいの証《あかし》として無理矢理勧《すす》めることも多いのが現状です。これは、見方を変えれば、殺人行為と等しく、また他人にドラッグを勧めることと同じことなのです。

多くの若者たちはアルコールを飲むことをカッコいいことだと考えているようです。しかし、酔っぱらいのみっともない姿や嘔吐《おうと》する苦しみを見てください。本当にカッコいいことなのでしょうか。

また、アルコールは脳や神経系の細胞を破壊していきます。脳や神経系の細胞は皮膚《ひふ》などの他のからだの細胞と異なり、一度破壊されてしまうと二度と再生されることはないのです。ぜひ、こう考えてください。酒に酔うというのは脳の大切な細胞を壊していることだと。

みなさんはここまで考えてアルコールを口にしたことがありますか。専門機関の調査によれば、日本人の約半数弱は生まれつき、アルコールを体内で分解する酵素《こうそ》を完全には持たず、その過度の飲用は急性アルコール中毒を招き、死に至るという統計が出ています。

みなさんの中でアルコールを飲むことが大人への第一歩と考えている人は、ぜひアルコール依存症の治療病院の関係者から話を聞く機会を持ってください。どれだけ多くの依存症となった人々が苦しんでいるか、また、その壮絶な苦しみについて知ってください。

✴一度の乱用が死をまねくヘロイン

ケシの花房《はなぶさ》に傷をつけると、白い液が出てきます。これを集めるとすぐに酸化し黒いねばねばのかたまりになります。これがアヘンです。これを精製することによって、モルヒネやコデイン、ヘロインなどの麻薬が作られます。

モルヒネは現在、ガンの末期患者の痛み止めとして使用されていますし、コデインはほとんどの風邪薬や咳止《せきど》めの中に微量ですが使われています。

しかしヘロインは、世界中の闇の世界で最も主流となっているドラッグです。ヨーロッパ、アメリカ、アジアで、最も多くの人たちを苦しめているドラッグがヘロインです。

ヘロインは強い抑制作用を持ちます。注射で静脈《じょうみゃく》に打たれることが多いのですが、

麻薬系薬物	作用	精神依存	身体依存	乱用症状	大量乱用時	禁断症状	乱用法
アヘン末 モルヒネ コデイン ヘロイン	抑制 （麻酔）	強い	強い	多幸感 居眠り 呼吸抑制 縮瞳 おう吐	呼吸困難 体温低下 けいれん こん睡 死亡	不安 不眠症 振せん 精神錯乱 死亡	経口 喫煙 注射

アヘン末＝粉末状のアヘンのこと。日本では、アヘンなどの麻薬の精製が警察の取り締まりのきびしさから密造工場をつくることができないため、まったく行なわれていない。そのため、ケシの分泌液→アヘン樹脂→アヘン末→モルヒネ・コデイン・ヘロインの精製過程における「アヘン末」以降の麻薬が密輸されている。
縮瞳＝明るさの変化にかかわらず、瞳が開かず、縮んだ状態のままになること。昼間でも薄暗く感じる。

すぐにその効果が現れます。強烈な多幸《たこう》感や陶酔《とうすい》感、快感がその乱用者に訪れます。しかし、ドラッグの中で最も強い精神依存性と身体依存性を持つため、わずか一～二回の乱用で、精神的にその再乱用を抑《おさ》えることは困難になります。それと同時に、身体的にも薬の影響が切れると猛烈な苦しみとともに禁断症状が出るようになります。

私は一人のヘロイン中毒の元暴力団員と薬物依存症の治療の専門病院で知り合いました。彼はほとんどのドラッグに手を出したことがあるけれど、ヘロインほど最高の快感をもたらすドラッグはないと言っていました。

彼はヘロインや覚せい剤の売人をやっているうちに自分自身がヘロイン中毒になってしまい、組から預かったヘロインの一部をくすねて自分に使っていたそうです。

最初は少しずつ売り物から間引《まび》きして使っていたけれど、

それでは足らなくなり、客に売る「ぶつ」に塩をまぜたそうです。このことが組にばれ、彼は左手の小指を一本つめさせられて組を破門《はもん》になりました。

彼はヘロインのことを「かっぱエビセン」と呼んでいました。この理由は、この商品のコマーシャルソング「やめられない、止まらない……」を思い出してもらえればわかると思います。

彼はヘロインの禁断症状についてこう言っていました。

「先生、苦しいんだぜ。からだ中に鳥肌《とりはだ》が立ち震《ふる》えがくるんだ。そして、からだ中の血管という血管の中を虫が這《は》い回るんだよ。最後には頭の中まで虫が入り込み暴れ回るんだ。どんなに頭を壁にたたきつけても虫は出ていかないんだ」

現在、ヘロインは、短期間に乱用者を潰《つぶ》してしまい、暴力団にとって乱用者を長期にわたって〝顧客《こきゃく》〟にしにくいため、また、その禁断症状から警察に見つかりやすいため、日本では主流ドラッグではありません。

しかし、ヨーロッパのいくつかの国やアメリカでは、乱用時に使う注射器の回し打ちによって肝炎《かんえん》やエイズなどが伝染するのを防ぐため、街頭で注射器を無料で配布せざるをえないほど蔓延《まんえん》しており、多くの若者たちが、苦しんでいます。

ヘロインの一度の乱用は、死への大きなジャンプと言っても言い過ぎではないでしょう。

✴精神を破壊する睡眠薬系ドラッグ

睡眠薬系ドラッグには、ハルシオン、リスミー、バルビタール、メタカロン、ブロバリン、ニトラゼパムなど数多くの種類があり、現在、医師の処方によって神経症や不眠症の患者に用いられています。

これらは正しい処方に従った量の使用では誘眠《ゆうみん》作用や催眠《さいみん》作用（注）を使用者にもたらす程度ですが、アルコールなどと併用し、大量に乱用すると大脳中枢《ちゅうすう》の働きを麻痺《まひ》させ、強い抑制作用を引き起こします。他のドラッグと異なり、強烈な快体験を引き起こすことはないですが、不安感を取り除き、ちょうどアルコールに泥酔したときと同じような状態になります。

強い精神的依存性と身体的依存性を持ち、乱用していくとこれらの薬物なしではいられなくなります。また、脳の中枢や神経系を破壊し、乱用者を廃人《はいじん》にしていくと同

睡眠薬系薬物	作用	精神依存	身体依存	乱用症状	大量乱用時	禁断症状	乱用法
ハルシオン **リスミー** **バルビタール** **メタカロン** **ブロバリン** **ニトラゼパム**	抑制 (催眠)	強い	強い	言葉の もつれ 混迷 泥酔	呼吸低下 体温低下 散瞳 頻脈 昏睡 死亡	不安 不眠症 振せん 精神錯乱 けいれん 精神異常 死亡	経口

混迷＝理性が乱れ、正常な判断がくだせなくなること。気が大きくなったり、ちょっとしたことで大笑いしたり怒ったりする。また、身体機能にも影響が出、まっすぐに歩けなくなり、きちんと立っていることも難しくなる。

時に肝臓機能を低下させ、その命も奪っていきます。

睡眠薬系ドラッグは、暴力団には「玉ジャリ」という隠語《いんご》で呼ばれています。これは睡眠薬の錠剤を多量に乱用しないと効《き》かないためです。今、一部の若者たちの間で、「アップジョン」という名前で錠剤のドラッグが出回っていますが、これは先ほどあげたハルシオンのことです。

この種のドラッグは、若者の間では「インテリ系のくすり」と呼ばれることが多いです。それはこの呼び名が象徴しているように、人生に悩む大学生以上の若者の間や医師、看護師などの専門的分野の人の間で乱用されることが多いからです。

今、私が関わっている一人の青年がいます。彼は、大学進学への不安からアルコール乱用に走り、そして浪人生活の孤独と苦しみから逃《のが》れるために暴力団から手に入れたハルシオンをアルコールとともに乱用しました。彼は今、精神病院への入退院を繰り返しています。病院に見舞いに行き、彼と会うと、こう言って私に助けを求めます。

「先生、僕がもう一人いるんだよ。僕が眠ろうとすると、もう一人の僕が僕を殺しにやって来るんだ。先生、もう一人の僕を殺して」

（注）睡眠薬には誘眠剤と催眠剤とがある。誘眠剤はいわば弱い薬であり、この使用によって睡眠に入ることを助ける働きがある。それに対して、催眠剤はより強い作用を持ち、本人が寝ようとする意志がなくても、この薬の使用によって就眠してしまう。

✴脳を溶かしていく有機溶剤、脳を殺していくガス吸引

有機溶剤《ゆうきようざい》ということばは、みなさんには聞き慣れないかもしれません。シンナーとか、トルエン、ボンドなどといえばわかってもらえると思います。これらはよく、「ガキのくすり」とか「アンパン」などと呼ばれています。その名前のとおり、一〇

有機溶剤ガス	作用	精神依存	身体依存	乱用症状	大量乱用時	禁断症状	乱用法
シンナー トルエン ボンド ガス	抑制 （幻覚）	中度	なし	多幸感 陶酔 ラリる しびれ感	無気力 不安 幻覚 健忘 吐き気 食欲不振 体重減少 脳波異常 死亡	発現しない	吸引

代の中学生や高校生に最も乱用されてきたドラッグです。これは単価が非常に安く、手に入れやすいことが原因だと思います。

　これらの有機溶剤は、初期の乱用では脳に直接作用し、抑制作用を引き起こします。そして、多幸《たこう》感や陶酔《とうすい》感を乱用者にもたらします。しかし乱用を続けていくと、幻覚や幻聴《げんちょう》が始まります。そして、乱用している間は反応が鈍《にぶ》くなり無気力になりますが、いったんシンナーが切れるとイライラして攻撃的になることもあります。

　私が今、関わっている少女で、七年にわたってシンナーの乱用を繰り返してきた子がいます。彼女は暴走族の一員だったのですが、シンナーにおぼれ、いつもラリっていたため、仲間として最も信頼していた暴走族からも見捨てられてしまいました。そして、シンナー代を稼《かせ》ぐために、夜の街でぼろぼろの姿で売春しているところで、私は彼女と出会いました。そのとき彼女は、どう見ても六〇歳を過ぎた男とモテルへ入ろうとしていました。それを私が止めたことから、私との関係が始まりました。

彼女は薬物依存症の治療の専門病院や警察、私の力を借りて、一年以上乱用を止めていますが、さまざまな後遺症《こういしょう》に悩まされています。彼女の脳はすでに長年のシンナー乱用のせいで萎縮《いしゅく》しており、常に不安感の中でおびえながら生活しています。

彼女はよく私に、泣いてこう言います。

「親も、先生も、仲間も、世の中の奴はみんな私を裏切ったけど、シンナーだけは裏切らなかった。使えば必ず私から嫌なことを消してくれた。シンナーだけが私の一番の友だちなんだ。先生はなぜ、私からシンナーを奪うの？　苦しいんだよ」

彼女はそう言いながらも、毎日必死にシンナーを乱用したいという思いとたたかっています。私にもこの彼女のたたかいがいつまで続くのかわかりません。

また、彼女はもう一つの苦しみともたたかっています。このたたかいは一生続きます。有機溶剤にはその名前のとおり、ものを溶《と》かす性質があります。彼女の歯は長年の乱用でもうすでにぼろぼろです。現在、歯医者に通院していますが、彼女の場合、シンナーの乱用から麻酔《ますい》薬に対する耐性《たいせい》が形成されており、麻酔が十分に効《き》かないのです。彼女が大きな怪我《けが》や手術をしたらどうなるのでしょう。これを考えると、私は暗くなります。

次にガスについて話しましょう。このガスとは、ガスライターの詰め替え用のガスボンベや、日常、家庭で鍋料理を行なうときに使う卓上《たくじょう》コンロで使っているカートリッジ式のガスボンベのことです。これらは液化天然《えきかてんねん》ガスやブタンなどが主成分で、このガス自体は決してドラッグではありません。

しかし、これらのガスをビニール袋につめて吸引すると、一瞬で酸欠《さんけつ》状態を作ることができます。その結果、脳に送られる酸素量が減り、脳の活動が急激に低下して抑制作用をもたらし、いわゆる「ラリる」状態となります。この状態を求めて、ガスを乱用する若者がいます。彼らはこれを「ガスパン遊び」と呼んでいます。

これは非常に危険な遊びです。脳をその活動停止まで、すなわち死まであと一歩のところまでもっていき、「ラリる」状態となるのです。一つ間違えれば死に至ります。また、脳へ酸素を短時間でも送ることを止めることは、脳細胞の一部を破壊していくことです。一回一回の「ガスパン遊び」が着実に乱用する者の脳を破壊していくのです。そして、人間にとって皮膚《ひふ》や一部の細胞は再生することができますが、脳や神経の細胞は一度壊れてしまうと二度と再生されることはありません。

特に前頭葉《ぜんとうよう》が破壊されるケースが多く、わずか二カ月の乱用で視力低下、失明までしたケースもあります。また、歩行障害に陥《おちい》ることも多く、キツネのような、つま先立ちで歩く「ツンツン歩き」しかできなくなった子どももいます。

また、狭い車の中やカラオケボックスで集団で乱用し、タバコの火から引火し爆発によって大やけどをしたり、命を失うケースも出ています。

✴精神異常を引き起こす覚せい剤

覚せい剤というのはメタンフェタミンの成分を含むドラッグの法律上の総称です。今、若者たちの間では「S」「スピード」「アイス」「ヤセ薬」などと呼ばれています。

通常は結晶や粉の形でパケと呼ばれる小さなビニール袋に入れて密売されます。最近は、でんぷんと混ぜて錠剤《じょうざい》にした覚せい剤も出回っているようです。

この覚せい剤は「三拍子《びょうし》そろったドラッグ」とよく言われます。それは「飲んでよし」「吸ってよし」「打ってよし」とさまざまな乱用方法が取れることからきていま

興奮剤系薬物	作用	精神依存	身体依存	乱用症状	大量乱用時	禁断症状	乱用法
コカイン **覚せい剤** （メタンフェタミン）	興奮	強い	なし	機敏性大 興奮 多幸感 散瞳 心拍数増 血圧上昇 不眠症 食欲減退	激論 体温上昇 幻覚 けいれん 死亡	発現しない	吸煙 注射 経口 吸引

激論＝覚せい剤の大量乱用時の典型的な症状で、周りにいる誰かれなしに話しかけ、その話への返答で理由もなく興奮し、さらに攻撃的に話し続ける状態を言う。数時間にわたってこのようなハイな状態が続く。

す。今、多くの若者たちは「アブリ」と呼ばれる、覚せい剤をアルミホイルや試験管の中で熱して、その気《き》化《か》した煙を吸う方法で乱用しています。

覚せい剤はその名前のとおり、非常に強い覚醒作用と興奮作用を持ちます。ごく微量《びりょう》で大脳中枢《ちゅうすう》を強く刺激し、脳の働きを活性化させ、機敏性を向上させ、万能感をもたらします。そして、乱用者にとってはそれがたまらない快感となり、その快感を求めて再度乱用を繰り返すこととなってしまいます。また、覚せい剤は乱用すると胃を収縮させることから一部の女子高校生の間では「ヤセ薬」だと思われています。

覚せい剤は、ごく微量でその効果があらわれ、肝臓《かんぞう》などの内臓への影響がほとんどないため、長期にわたって乱用できることから、暴力団にとっては、非常に「うまみ」のある商品であり、現在、暴力団の主要な資金源となっています。今、若者に乱用されている覚せい剤のほとんどすべては、暴力団が外国から密輸し密売しているものです。

覚せい剤は現在、エフェドリンという物質から作られます。日本ではこの覚せい剤の原料であるエフェドリンが厳しく管理されており、その密造はほとんど不可能です。そこで日本の暴力団は、タイ、ラオス、カンボジア北部の「ゴールデントライアングル（黄金の三角地帯）」と呼ばれる地域や、中国南部、台湾、朝鮮民主主義人民共和国で密造された覚せい剤を日本へと密輸して密売しています。

みなさんに忘れないでいてほしいのですが、覚せい剤の背後には必ず暴力団が存在します。それほど、覚せい剤の密売は利益の多い商売なのです。たとえば、みなさんが何かものを買ったとしても、それで満足できれば、また繰り返しそれと同じものを買ったりはしないでしょう。しかし覚せい剤の場合、乱用すれば必ず強い精神的依存に陥《おちい》ります。その結果、死ぬまで繰り返し買い続けることになるのです。こんなにうまみのある商売があるでしょうか。そのため、最初の数回は覚せい剤を無料で配り、その後その若者が覚せい剤なしではいられなくなると値段を高くしていくというような売られ方もしています。

覚せい剤の継続的乱用は、精神異常を引き起こします。乱用者は妄想《もうそう》や幻聴《げんちょう》から精神錯乱《さくらん》状態となることが多いのです。

私が今、関わっている一六歳の少女は、お気に入りのブランド品のバッグを買いたくてテレホンクラブに電話をし、売春しました。その相手が「シャブ中」で、彼に注射器で覚せい剤を注射されました。その一回の覚せい剤の経験で精神異常に陥り、記憶がほとんど飛んでしまい、自分の両親すらわからなくなってしまっています。覚せい剤はこれほど恐ろしいドラッグなのです。

また、今、私の友人となっているドラッグ依存症者の自助グループのリーダーをやっている三八歳の人がいます。彼は二四歳から七年間、覚せい剤を乱用していたのですが、彼は覚せい剤を止めてから七年たった今でも、「お前を殺してやる」という幻聴に悩まされ、精神科の病院への通院を続けています。私は彼がいつも私に言うことばが忘れられません。

「二四歳で覚せい剤をはじめた時は、何かカッコいいことをやっている気がしたけど、覚せい剤をやっている七年間にしたことは、愛してた女をシャブづけにして風俗に売ったことと、親の財産をシャブで食いつぶしたことだけで人生は止まってた。今さらやり直しはできないけど悔しい。シャブさえなければ、今ごろ違う人生を生きていたのに」

みなさんの中には、

「なんだこいつは、だらしない。私は違う。ドラッグなんて遊ぶことができる。いつだって止めようと思えば止められる」

と考える人もいるかもしれません。しかしドラッグは、特に覚せい剤はそんなに甘いものではありません。一度乱用すれば、その魔の手から逃れることはまず不可能です。今、書いた私の友人も、暴走族の頭までつとめた意志の強い男でした。それでも覚せい剤の魔の手から自分の力で逃れることができず、専門病院に入院し、自助グループに救いを求めてきたのです。彼が今、覚せい剤を止めていることこそ、奇跡だと私は考えています。

✴死ぬまで止められないコカイン

コカイン（錠剤《じょうざい》にしたものは「クラック」とも呼ばれる）は化学的に合成されること

もありますが、主に南アメリカ、特にコロンビアで栽培されているコカの葉から精製されます。これは他のドラッグと比べて、非常に即効性があり、乱用するとすぐに快感をともなった興奮状態を乱用者にもたらします。

コカインはよく、「死ぬまで止められないドラッグ」と呼ばれます。これはコカインが、他のドラッグと比べて短時間しか効《き》きが続かないために、つぎからつぎと乱用を繰り返していかないと快感を持続できず、すぐに依存症となってしまうことからきています。また、コカインは脳だけでなく、心臓にも強い興奮作用を引き起こします。これが心臓にとって大きな負担となり、心不全《しんふぜん》や心筋梗塞《しんきんこうそく》を招いてしまうのです。当然、乱用者は死に至ります。

アメリカでは、このコカインが中心的なドラッグになっています。多くの若者がコカインの乱用で短い一生を終えています。また、コカイン中毒者を母として生まれる、生まれながらにしてコカイン中毒の「クラックベビー」も大きな問題となっています。

これまでコカインは覚せい剤などと比べて、日本にはごく少量しか密輸されてきませんでした。これは原産国が南米という地理的な要因からだといわれています。しかしこのところ、アメリカの「マフィア」やコロンビアの「カルテル」などの外国の暴力団組織によって、アジア地域、特に日本への密輸ルートが作られつつあるという情報があります。今後、確実にみなさんの周りにその魔の手を広げてくるでしょう。

✴脳の神経系を破壊するＬＳＤ・ＭＤＭＡ・幻覚系ドラッグ

幻覚系のドラッグにはさまざまなものがありますが、その代表的なものはＬＳＤ・ＭＤＭＡです。ＬＳＤは若者たちの間では「エル」と呼ばれています。これは非常に強いドラッグであり、極めて微量《びりょう》で強い幻覚を乱用者にもたらします。錠剤《じょうざい》や「Ｌペーパー」と呼ばれる濾紙《ろし》にＬＳＤを染《し》み込ませたものが暴力団の手によって密売されています。特にその幻覚・幻聴《げんちょう》作用から、「ライブハウス」や「クラブ」などで出回っています。

すべてのドラッグは恐ろしいものですが、中でもＬＳＤはその効果が強烈で、また、短期間にその乱用者の脳の神経系を破壊し、精神異常を引き起こします。

ＬＳＤやマリファナは、一九六〇年代から七〇年代にかけてアメリカで登場し、世界各地へと広がっていった「ヒッピー」たちの間で、社会体制からの解放のシンボルとして流行し乱用されました。しかしその結果、多くの若者たちが廃人《はいじん》となりました。私もこの時代の後半をヒッピーとして世界各地を放浪していました。どれだけ多くの友人たちが潰《つぶ》されていったか、書いていたらきりがありません。

もう一つ、今、若者の間で猛烈な勢いで広がっている幻覚系のドラッグにＭＤＭＡがあります。これは赤やオレンジ、白、黄色などいろいろな色の錠剤型の合成麻薬です。「エクスタシー」と通称で呼ばれ、略称では、錠剤型なので「玉」あるいは「Ｅ」「Ｘ」、「Ｘ」を形に見立てて「バツ」「バッテン」と若者の間で呼ばれることが多いです。

このＭＤＭＡは、オランダで開発された強烈な合成麻薬です。乱用すると、短時間ですが、時間・空間感覚が狂い、さまざまな幻覚、特に美しい色彩の幻覚を見ることが多いです。また、ＭＤＭＡを使い、アルコールを飲み、ヒップホップなどのダンスをしていると非常にハイな気分になれるので、音楽関係の業界やクラブに出入りする若者たちの間で汚染が広がっています。錠剤一つが七〇〇〇〜八〇〇〇円、日本の夜の街ではごく当たり前に見かけるドラッグの一つとなりました。

「ＭＤＭＡは身体依存性がない」、つまり、「うまく使えば大丈夫だ」と言って乱用

幻覚系薬物	作用	精神依存	身体依存	乱用症状	大量乱用時	禁断症状	乱用法
LSD MDMA PCP	幻覚 興奮	中度	なし	幻覚 幻視 時空感覚 喪失	幻覚体験が 長い 精神異常 死亡	無気力感 長期睡眠 過敏症 死亡	経口 喫煙
大麻 （マリファナ）	幻覚 抑制	中度	なし	多幸感 リラックス 食欲増	疲労 誇大妄想 精神異常	不眠症 活発 食欲不振	喫煙

する若者たちが増えています。しかし、これはまったくの嘘です。MDMAは、確かに「身体依存性」は「覚せい剤」などと比べ弱いですが、「精神依存性」は強いドラッグですし、脳に多くの影響を与える怖いドラッグです。

私のところに相談してくるMDMAの乱用者に現れる副作用で一番多いのは「無気力」、もう何もする気力もない、ダンスが好きだったのに踊りに行く気力すらなくして、家で閉じこもっている子。あるいは、自分の感情のコントロールができなくなる。落ち込む時は死にたくなるし、ハイになると、自分が何をやっているのかわからなくなるくらい、大声で叫んだり。ある意味での精神錯乱《さくらん》が定期的に起こります。

また、もう一つ、錠剤《じょうざい》型の薬物には、注意をしなくてはならないことがあります。タイや中国で密造された「ヤーバー」「ヤーマー」「揺頭丸《ようとうがん》」と呼ばれるニセモノのＭＤＭＡが日本に大量に入ってきています。これらの錠剤は、単に覚せい剤にでんぷんやカルキを混ぜて固めたものです。当然、こちらのほうが安い。夜の街で、ＭＤＭＡと称して一錠一五〇〇円～三〇〇〇円で売られているのは、ほとんどこれらニセモノのＭＤＭＡです。これらの錠剤は覚せい剤そのものですから、その副作用は覚せい剤同様、脳や乱用者のからだ全体にひどい副作用をもたらします。

大麻も幻覚系のドラッグとして有名です。世界で最も乱用されている幻覚系ドラッグは大麻です。大麻はアサ科の一年草で、その花や葉の出す樹脂《じゅし》、葉そのものがドラッグとして用いられます。

その精製の仕方から、「ハッシッシ」「ガンジャ」「マリファナ」などに分かれますが、どれも効果は同じです。これはタバコのように紙に巻いて喫煙したり、パイプを使ったりして乱用します。軽い抑制作用と幻覚作用があります。乱用すれば、多くの場合、時間・空間感覚が変化し、ふわっとした開放感を乱用者にもたらします。その一方で、注意力が低下し、忘れっぽくなり、思考がまとまらなくなります。精神依存性はありますが、身体依存性はありません。

オランダなど一部の国では場所は限られていますが、マリファナの乱用を法的に認めている国もあります。これはヘロインや覚せい剤などのヘビードラッグがすでに若者の間に蔓延《まんえん》してしまっており、それを抑《おさ》える意味で、ライトドラッグとしてのマリファナの乱用を認めざるを得なくなっているからです。けっして、マリファナに害がないと考えているからではありません。

若者たちの間には、

「マリファナは、依存性がなく、タバコより安全だ」

と考えている人が多くいます。しかし、これは完全に間違いです。マリファナも立派なドラッグであり、脳の神経系に影響を与え、壊していきます。また、人はいったん快楽をドラッグで体験すると、さらに強い快楽を求めてしまう傾向があります。マリファナでこの程度なら、ＬＳＤでは、覚せい剤ではと、関心が広がっていきます。

この意味で、マリファナはタバコと同じように、他のドラッグへのゲートウェイ（入口）となってしまうことの多いドラッグです。

✴「脱法ドラッグ」と称するおもちゃのようなドラッグ

ここまでさまざまなドラッグについて説明してきました。最後に脱法ドラッグと称する、その名前のとおり、「法の規制から逃れている」と称しているドラッグについてふれておきましょう。これらは一部のアダルトショップやインターネット上で販売されています。

現在、政府は脱法ドラッグに対して、厚生労働省を中心に警察庁と連携し、厳しい取り締まりを行なっています。インターネット上や「おとなのおもちゃ」などのショップで売られている一つひとつの脱法ドラッグを買い取って、麻薬成分が少しでも入っていれば、法律によって取り締まる。そのおかげでほとんど、脱法ドラッグと称する薬物は消滅をしています。ただし、インターネットの闇市場で売られていることは事実です。

これには大きく分けて三種類あるようです。一つはリキッド系（揮《き》発《はつ》性の液体）といわれる「ボルト」や「ラッシュ」などの商品名で売られているもので、これらは大半が芳香剤《ほうこうざい》として日本に輸入されています。また、ナチュラル系などと呼ばれる、自然に自生する一部のハーブなどから作られる錠剤《じょうざい》があります。代表的なものは、「ハーバル・エクスタシー」です。

これらを乱用したことのある若者の話では、

「噂《うわさ》を聞いてやってみたけど、あれはおもちゃだよ」

と馬鹿にしています。ちょうどうどん粉を薬だと言って飲ませたら、病気が治ったという話のように、ドラッグを使ったという精神的気分から自己暗示にかかって「ラリる」状態となるだけのようです。

しかし、おもちゃのようなドラッグと書いたからといって、私はこれらを認めてもいませんし、それどころか恐れてさえいます。

それは、これらを乱用する若者はドラッグに興味のある若者だからです。これらが流行するということは、ドラッグに興味や関心を持つ若者が増えているということだからです。

また、それぞれのこの種のドラッグには、当然のことながらどのような成分が含まれているかという、成分表などついているはずもありません。要は何が入っているかわからないものなのです。今は知られていないけれど、もし有毒なものが入っていたら、あるいは、依存性の強い物質が入っていたら、乱用者はどうなってしまうのでしょう。

みなさんは何か病気で薬を飲むときに、薬箱を開けそこにある何の薬かわからない薬を飲みますか。まさに脱法ドラッグを乱用することはこれと同じことなのです。

また、みなさんに忘れないでほしいことがあります。それはこれらの脱法ドラッグの流通にも暴力団が深く関わっていることです。

✴深刻な市販薬のOD（過剰摂取）

一般の薬局・薬店で売られている市販薬の中にも、依存性を持つものが数多くあります。コデインやエフェドリンをその成分として含み、良心的な薬局では、ケースの中や薬剤師の手元などで、自由に客が触れることのできない場所に置いて販売されているものといえば、どのような商品か具体的にわかってもらえると思います。

今から三〇年以上前になりますが、ある咳止め《せきど》用に市販されていた商品が、若者たちに乱用されました。私の先輩や同級生でも、数回分を一度に服用していた人がいました。その一人で、私と同じ大学に入学した友人は、後にその副作用で精神を病み、今は精神病院を出たり入ったりの月日を過ごしています。

今、これら市販薬の乱用も、若者たちの間に広まってきています。これは、一部の雑誌や本が、この種の薬物の商品名や具体的な使用法（アルコールと一緒に摂取するなど）まで紹介してしまったことが原因の一つです。また、乱用者からのそれらの市販薬についての情報が、インターネットを通じて広まってしまっていることも原因の一つです。

一般市販薬の場合、問題となる薬物成分はごく微量ですから、説明書（添付文書）に従って決められた量を決められた期間使用する分には、ほとんど脳やからだに害を与えません。しかし、一度に数十錠を服用すれば、依存症を引き起こし、それと同時に精神障害や行動障害をもたらし、乱用者に一生立ち直ることのできないようなダメージを与えます。また、時によっては死亡することさえあります。

これらの市販薬の乱用者を見つけることは、比較的簡単です。顔や皮膚《ひふ》の色を見ればよいのです。それは、多量に乱用しないとその効果が得られないため、一度に数十錠単位で乱用する結果、薬物性肝炎《かんえん》となってしまうからです。肝臓《かんぞう》を痛めると皮膚の色が黄ばんだり黒ずんだりしてきます。また、顔、特に目の周りに特徴的なゆるみが出ることからもわかります。これは、医師が処方する、精神安定剤や睡眠薬の乱用の場合とほとんど同じです。ここに薬の怖さがあります。だからこそ、薬を扱う専門家は、非常に難関の国家試験を合格した薬剤師に限定されているのです。

ところで、私たち日本人は、元来薬が大好きな民族のように思えます。たとえば、失敗することがわかっているにもかかわらず、ある行為を行ない、やはり失敗してしまった時に、「いい薬になっただろう」とよく言われます。何か、日本では、薬は役に立つよいものの代名詞として使われてきたような気がします。しかし、薬は本来「毒をもって毒を制する」という発想でつくられた毒なのです。

私は、子どもたちにそのことを理解させるために、たとえば「痛み止めの薬」のことを、「痛みを感じる脳の部分を麻痺させることによって痛みを感じなくさせ、その一方で、痛みの原因である傷や疾患《しっかん》を自然に治そうとする自然治癒《ちゆ》能力も低下させ、傷や疾患の治りを遅くする薬」と説明しています。

だからといって、私は決して薬の存在を否定しているわけではありません。薬は私たちにとって必要な毒です。だからこそ、必要な時は医師のもとで診察を受け、必要最低限の薬を処方してもらい、薬剤師にその成分や副作用についての説明を十分受けた上で、決められた期間、決められた量を使うべきものなのです。

Ⅳ　ドラッグのウソ、ホント

今ちょっと大きい書店に行くと、ドラッグについての本や雑誌が必ず何冊か並んでいます。その中の多くの本や雑誌は、みなさんにドラッグに興味を持たせるような内容のものです。それらの中にはドラッグの乱用をあおるようなものまであります。

私はそれらの本のほとんどに目を通してみました。多くはその本を書いた人間の良心を疑うような内容のものばかりでした。また、若者がその内容を信じてしまったらと考えると、恐ろしくなるようなものでした。

一方、数は少ないですが、ドラッグの害について書かれた本もあります。ただ、多くは「ドラッグはともかく怖いものだ。だから、絶対に手を出してはダメ」と、ドラッグに対しての恐怖心をみなさんに持たせる内容のものが多いようです。本当のドラッグの姿はどのようなものなのでしょうか。

私が、特に気になった内容について、本当にそうなのか、一緒に考えてみましょう。私の限られた経験からですが、決して大げさに書いたり、嘘を書いてみなさんを脅《おど》したりせず、本当のことを、きちんとみなさんに伝えていきたいと思っています。

Q.「すべてのドラッグが危険というわけではない」これは本当でしょうか?

ドラッグ関係の本には、

「すべてのドラッグが危険というわけではなく、ドラッグの中には安全にかつ楽しくつきあえるものがある」

という考えがいたるところに見えます。これは本当でしょうか。

これは確実に間違っています。極端《きょくたん》な反論の仕方ですが、これらの本を書いた人間にこう聞けば、彼らはなんと答えるでしょう。すなわち、

「ドラッグの中にからだに良いものがなにかありますか」

と。

二〇歳を過ぎれば、喫煙が認められているタバコについて考えてみましょう。みなさんの周りにお年寄りで、若い頃からタバコを吸っているのに元気な人がいると思い

ます。これはあくまで運が良かったからだということを忘れないでください。この人が肺ガンにならなかったことはたまたま運が良かったからなのです。

今や、タバコが高い確率で肺ガンを引き起こすことは常識となっています。このごろ一部の生命保険会社がタバコを吸わない人の生命保険料を安くした生命保険を売り出しました。このことを見てもタバコの危険性がわかると思います。

また、タバコを吸う人が多くのものを一生の中で失っていることも忘れてはなりません。たとえば、体力や味覚、嗅覚《きゅうかく》を、タバコは確実に奪《うば》っていきます。

また、すべてのドラッグは、その強さにはものによって程度の差がありますが、必ず依存性という性質を持ちます。すなわち、それなしではいられなくなるという性質があります。精神科の医師たちはこれを依存症という病気とみなします。つまり、自分の意志でなんとかできるようななまやさしい依存ではなく、何らかの治療やケアを受けることなしには断《た》ち切ることのできない病気とみなします。この性質だけでも、あらゆるドラッグは危険なのです。

また、すべてのドラッグは私たちの脳や神経に不自然な刺激を与え、それを麻痺《まひ》させたり、一部破壊したりします。そして、前にも書きましたが、私たちの脳や神経組織は、一度壊れれば再生することのできないものなのです。これでも、ドラッグに危険ではないものが存在するのでしょうか。

普通の薬のことを考えてみてください。普通の薬ですら、私たちは病気になったとき、その病気に効果のある薬を決まった量、決まった期間だけ使用します。病気でもないのに薬を飲む人はいないでしょう。それは、薬というもの自体が「毒をもって毒を制する」という発想で作られたものだからなのです。

よく安全なドラッグと言われているものに、タバコやアルコール、マリファナなどがあります。本当に安全なのでしょうか。みなさんが結婚して、かわいい赤ちゃんが生まれたとき、その赤ちゃんにこれらのドラッグを使ってみますか。「赤ちゃんは小さいから、大きくなれば違う」という人もいるでしょう。しかし覚えておいてくださ い。赤ちゃんも私たちと同じ人間です。違いは大きさだけです。赤ちゃんの場合、からだが小さいため、ドラッグの害が私たちより何倍も大きく現れるだけなのです。

わたしはあえてこう言います。

「ドラッグのみならず、すべての薬は危険なものである」

と。

Q.「ドラッグには安全な使い方がある」これは本当でしょうか？

一部の雑誌や本では、多くのページをさいて一部のドラッグの「安全」と称する使い方について説明しています。本当に依存症や中毒にならない「安全な使い方」はあるのでしょうか。

まず言えることは、完全に安全な使い方はないでしょう。ただ、ドラッグの種類によっては、老人になるまでなんとか死人や廃人《はいじん》にならないで生きていける使い方は存在するでしょう。本当は、私はこのようなことは書きたくないのですが、みなさんに嘘をつくことはできません。

たとえばアルコールです。その人の体質にそった適量を、適度な間隔《かんかく》をあけて飲酒していけば、アルコール依存症やアルコール中毒になることはありません。しかし、みなさんに尋ねたいのですが、みなさんはこのようにきちんと自己管理できる自信がありますか。

よく、アルコールについて「酒は百薬《ひやくやく》の長《ちょう》」と言われます。私はこのことは否定しません。確かに、酒が心をリラックスさせてくれたり、疲れをとってくれたりすることはあります。しかし忘れないでください。このことばには「されど万病《まんびょう》のもと」ということばが続くことを。

みなさんに魔の手をのばしている覚せい剤についても考えてみましょう。私が今、関わっている若者で、一人だけ、七年にわたり覚せい剤を乱用し、ちょっと前まで元気に社会人として生活していた青年がいます。私が今までに関わった覚せい剤乱用者の中で、最も長く乱用していました。彼は、覚せい剤を止めるようにという私からの忠告に、

「先生、俺は大丈夫。使うのはたまにだけ。ちゃんと依存症にならないように自己管理して安全に使っているよ」

と言っていました。

しかし、幸運にも、彼は友人が覚せい剤所持で警察に捕まり、彼の名前をあげたことから、今は拘置所《こうちしょ》で裁判を待っています。この「違法」という意味でも、ドラッグ

は安全なものではありません。

「ドラッグには、多少他の人より長く使える使い方がある」

これなら、私は否定しません。でも死への道のりが多少違うだけです。

Q.「ドラッグはすべて気持ちの良くなるくすりである」これは本当でしょうか?

正直に言って、これは本当です。ただ一部のドラッグは、使い方を間違えたり、アルコールなどの他のドラッグと併用すると「バッドトリップ」（気持ち悪くなったり、不快な幻覚をみる）することがあります。また体調によっても「バッドトリップ」することがあります。

しかし、この書き方は嘘ではないけれど、不十分な、人をだます書き方です。すなわち、どのようなドラッグにも気持ちよくなった後に地獄が待ちかまえているのです。

一つの例をあげましょう。みなさんは、汗をかいた後にシャワーを浴びたり、お風呂に入ったりした経験があると思います。その後は非常にすっきりとした爽快な気分になったと思います。しかし、ドラッグはどのようなものでも、その効果が切れるとけだるい倦怠感《けんたいかん》や不快感を乱用者にもたらします。このため、再度気持ちよくなることを求めて乱用を繰り返すようになり、依存症という死への一歩を踏み出してしまうのです。

ドラッグがもたらす気持ちよさは、偽《にせ》の気持ちよさです。ドラッグが脳を狂わせて、乱用者にそう思わせているだけなのです。たとえば、痛み止めの薬を思い出してください。痛み止めの薬は痛みの原因を治療しているのではありません。ただ、痛みを感じる脳の部分を麻痺《まひ》させ、痛みを感じなくさせているだけです。ですから痛み止めの効果が切れれば、痛みは再度襲《おそ》ってきます。

私は、これは心からの私の願いですが、みなさんに本当の気持ちよさを手に入れてほしいと考えます。たとえば、努力し苦労して何事かを成し遂《なと》げたときの達成感や、何事かが満たされたときの満足感を手に入れてほしいと思います。ただ忘れないでください。この世の中では、本当のものは努力しなければ、決して手に入りません。

Q.「ドラッグは一度くらいなら使っても大丈夫である」これは本当でしょうか？

よく、「一回くらいは」とか、「一回だけなら」ということばを若者から聞きます。私は、嘘をつきたくはありませんから、本当のことを言います。確かに、一度くらいなら肉体へのその影響がほとんどないことは事実です。

しかし、一度ですまないのがドラッグの怖さなのです。ドラッグが私たちにもたらす快感は正常なものではありません。一度でもドラッグを乱用すれば、その快感の体験が脳の記憶中枢《ちゅうすう》に刷《す》り込まれてしまいます。

私の知っている若者で、好奇心から一度だけと覚せい剤を乱用した若者がいます。彼はそれから半年後に、友人から目の前に覚せい剤を見せられ、「一緒にやろうぜ」と勧《すす》められました。彼は「やばいなあ」と最初は思ったそうです。でも、「もう一回くらい大丈夫」

そう考え、その覚せい剤に手を出しました。そして、おきまりのコースです。今、彼は薬物依存症者の自助グループに通っています。彼はこう言っています。

「俺は昔から意志の強いほうだったから、覚せい剤を使うたびに、今度が最後って自分に言い聞かせてたんだ。でもだめだった。先生、あれは意志でどうのこうのできるもんじゃないよ」

こう憶《おぼ》えておいてくれるといいでしょう。ドラッグを一度でも乱用したならば、必ず、ドラッグをもう一回使いたいという強い欲望が生じます。その欲望と一生たたかい続けなければならなくなります。そしてドラッグの種類によっては、このたたかいに勝つことは非常に困難なことなのです。

Q.「ドラッグはストレスを解消させてくれる」これは本当でしょうか？

これは間違いなく本当です。ただし、正確にはこう言うべきです。

「ドラッグは乱用すれば、一時的にストレスを忘れさせてくれる。しかし、ドラッグが切れれば、ストレスは何倍にもなって返ってくる」

先ほども書きましたが、ドラッグはストレスを単に一時的に忘れさせてくれるだけです。ストレスの原因を取り除いてくれるわけではありません。ですから、ドラッグが切れれば、そこには依然としてストレスのもとが残っているのです。しかも、「自分は弱い人間で、ストレスからドラッグの力で逃げようとした」という新たなストレスのもとと共に。

たとえば、みなさんが友人と喧嘩《けんか》をしたとします。その時に友人から言われたひどいことばに傷つき、その夜アルコールを飲んでカラオケで大騒ぎをし、いい気持ちになったとします。確かに、アルコールの酔いが効《き》いているうちは、嫌なことを忘れ、幸せになれるかもしれません。でも翌日、二日酔《ふつかよ》いで、前日喧嘩した友人と会ったとします。二人の関係に変化が生まれるのでしょうか。結局、嫌なことを忘れ続けるためにはアルコールを飲み続けるしかないのです。これが肉体的に不可能なことは、すぐわかってもらえると思います。

ドラッグの依存症になった人には、私の経験からいって心の優しい傷つきやすい人が多いです。それはまさに、自分の心の傷をドラッグで癒《いや》すことを繰り返し、依存症となってしまうからです。

Q.「ドラッグの依存症になる人間は弱い人間である」これは本当でしょうか？

私はある雑誌でこの文章を読んだとき、この文を書いた人間の傲慢《こうまん》さにあきれ果て悲しくなりました。私には、ドラッグ依存症に苦しみながらたたかっている数多くの仲間がいます。彼らは決して、人間として弱い人間ではありません。みなさんとまったく同じ人間です。どんな人間でもドラッグを乱用すれば、その魔力によって弱い人間にされてしまうのです。ドラッグを相手にして強い人間など存在しません。

私が今、私のドラッグ汚染とのたたかいで、兄のように尊敬し、慕《した》っている人がいます。彼はダルクと呼ばれる薬物依存症者の自助グループのリーダーの一人として、日々ドラッグとたたかっています。

彼は二〇代で暴力団の組長となり、数十人の組員を動かしていたほどの男です。今の彼からも、その度胸《どきょう》と意志の強さは十分にわかります。その彼がたまたま友人に勧《すす》められ、売り物の覚せい剤に「一回くらいは」と手を出してしまったそうです。そして彼は、それから十数年、覚せい剤の魔の手に捕らわれました。彼は自分の「組」も、何もかも失い、どん底まで行き着き、ダルクに救いを求めました。そして、ダルクの仲間とともに依存症とたたかい、現在を迎えています。

彼は今、多くのさまざまなドラッグ依存症の若者たちとともに生活し、彼らの更生のためにつくし、その一方で、中学校や高等学校などで年間二〇〇回前後の講演を行なっています。そして、多くの若者たちにドラッグの本当の姿を、自分の体験を通して語っています。意志の弱い人間にこのようなことができるでしょうか。

これは彼の、人生を破壊したドラッグへのたたかいであり、また、彼自身のドラッグを「また乱用したい」という欲望とのたたかいのように私には見えます。そして間違いなく、彼のこのたたかいに終わりはありません。彼が生きている限り続いていきます。

彼が私によく、こう言います。

「先生、意志の強いやつは病気にならないかい？　意志の強いやつは病気を意志の力で治せるかい？　無理だろ？　ドラッグも同じさ。どんな意志が強いやつだって、一回でもハマってしまえば逃げられない。これは病気なんだ。使い続けなきゃいられない、依存症という病気なんだ」

私は彼のこのことばがよくわかります。

すべてのドラッグは、その依存性（ドラッグなしではいられない）という魔力で、あらゆる人から意志の力（何かを自分で決める力）を奪います。ドラッグの前に、私たち人間はあまりに弱く小さな存在なのです。

Q.「ドラッグを使うとやせることができる」これは本当でしょうか?

これはビールなどの一部のアルコール飲料を除いて、確実に本当です。あらゆるドラッグは、食欲を減退《げんたい》させます。特に覚せい剤は「やせ薬」として密売されているほど、極端にかつ短期間に乱用者をガリガリにします。覚せい剤を乱用すると、胃が縮《ちぢ》み、食べ物が取れなくなるからです。

しかしドラッグは、女子高校生が望むようなやせ方はさせてくれません。だいたい頬《ほお》や手足の肉から次第《しだい》に落ちていき、次に胸、最後に腹という具合に、かえって乱用者を不格好《ぶかっこう》にしてしまいます。また、ドラッグの乱用を止めれば、以前より太ってしまうことが多いのです。これでもドラッグを使ってやせようと考えますか。

簡単なことですが、人間は誰でも食物を取らなければやせます。覚せい剤などのドラッグを、別に高いお金を出して買わなくてもやせることはできます。ただし、必要以上に無理にやせようとすれば、確実にからだを壊し、病気になりますが……。

また、ちょっと大変ですが、適度に栄養をとり、適度な運動を繰り返していくことで、自分の体重と健康を管理することができます。これならば、からだを壊すこともなく、健康的にやせることができます。

私は今、やせるための三つの方法を書きましたが、みなさんはどの方法を選びますか。当然、三つ目の方法を選んでくれると信じています。

ところで、念のため付け加えておきますが、私は、別にやせていることが美しいなど思ったことはありません。一人ひとりの人間には生まれながらに持っているあるべき姿があり、それこそがその人の美しさだと考えています。また、私にとっては、からだの美しさより心の美しさのほうが数段大切なものです。

みなさんにとってはどうですか。

Q.「ドラッグなんてすぐ止めることができる」これは本当でしょうか？

これは完全な嘘です。私は今まで数千人のドラッグを乱用した若者たちと関わってきましたが、彼らがドラッグを止めるためにどれだけの苦しみと哀しみを味わったかを知っています。また、まだ止めることができず、乱用を繰り返している若者も決して少なくありません。

彼らが私に、よくこう言います。

「先生、ドラッグを止めることのできる薬ないかなあ」

残念ながら、そんな薬は存在しません。すべてのドラッグは一度でも乱用すれば、そのドラッグを再度乱用したいという強い欲求を乱用者にもたらすからです。この強い欲求に打ち勝つことができれば、ドラッグを止めることができるのですが、この欲求の強さは並のものではありません。そのため、まずほとんどの人が乱用を繰り返し、依存症となっていきます。

そして、依存症となってしまえば、その段階では自らの意志でどうのこうのできる状態ではありません。もう、肉体的にも、精神的にも、ドラッグなしではなんの楽しみもなく苦しみばかりなのです。どんな人間でも、なんらかのケアや専門の医師の治療、あるいは少年院や刑務所という檻《おり》の力を借りない限り、まず止めることはできません。

ですから、みなさんにとっては「自分はきっと止めることができる」と考えるより、「自分はきっと止めることができない」と考えたほうが立ち直るのに早道になると思います。

Q.「ドラッグは遊ぶことのできるものである」これは本当でしょうか？

これは間違いです。本当は、

「ドラッグは乱用すると、遊ばれてしまうものである」

と言うべきです。

私が今まで関わった若者の中に、ドラッグを遊びの道具の一つとして乱用を繰り返した若者が多くいます。しかし彼らのほとんどは、結局はドラッグに遊ばれてしまいました。

ある少女は「援助交際」と称する売春を繰り返しました。そして、売春で手に入れた金で、ブランドもののバッグや小物を手に入れ、夜の街を遊び回りました。彼女は、最初は売春の相手を選んでいたと言います。いくら声をかけられても、気に入らない男だったら、相手にもしなかったそうです。彼女は、売春で知り合った一人の男に覚せい剤を教えられました。

彼女はすぐに覚せい剤に「ハマり」ました。彼女にとって、覚せい剤ほど便利で楽しい遊びの道具はなかったと言います。そして、彼女の売春の目的は変わっていきます。彼女は覚せい剤を手に入れるために、もう相手も選ばず売春を繰り返していきました。テレクラに電話をしては、

「おじさん、私をいくらで買ってくれる?」

と相手に話しかけ、売春していきました。そして、ひと月に二〇万円から三〇万円の金を覚せい剤につぎ込んでいきました。彼女のこの姿こそ、「ドラッグに遊ばれている、みじめな人間」の姿なのです。そして、一年もたたないうちに「ドラッグを遊ぶ」ことも、「ドラッグに遊ばれる」こともできないほどぼろぼろになってしまいました。

そして今、彼女はその過去から逃れようと苦しんでいます。過ぎた時をやり直したり、消したりすることはできませんから、彼女のこの哀しみは死ぬまで続きます。

ある青年は、覚せい剤を手に入れるため、最も愛していた女性を覚せい剤中毒にし、「風俗」に売りました。彼は今、刑務所の中にいます。

彼は、最初に覚せい剤を乱用したとき、

「世の中にこんなにいいものがあったのか」

と思ったそうです。気持ちは良くなるし、眠くはならないし、もうスーパーマンになった気分で、なんでもできたと言います。そして、

「覚せい剤はやばいっていうけど、俺はうまく遊んでやる」

と乱用を続けました。三カ月後には見事に覚せい剤の依存症となり、ほとんど毎日覚せい剤を乱用し続けました。

そして最初は、

「お前は覚せい剤はやっちゃダメだぞ。お前みたいに弱い女はすぐ中毒になっちゃうぞ」

と言って、覚せい剤を一緒に乱用することを禁止していた愛する彼女を、覚せい剤づけにし、覚せい剤を買う金のため、彼女を「風俗」で働かせました。

そして、彼女が覚せい剤で「つぶれ」てしまい、両親によって薬物依存症の治療の専門病院に入れられてしまうと、今度は恐喝《きょうかつ》や窃盗《せっとう》を繰り返し、刑務所までの道を一直線に歩んでしまいました。

今、彼は刑務所で、大切な彼女をめちゃくちゃにしてしまった自分を責め続けています。もう、二人の仲が戻ることはありませんし、また彼も、自分のしたことに対する哀しみから逃れることもできません。

ドラッグはこのように、それを乱用する人のからだも心も、そして人生ももてあそびます。ドラッグは嫉妬《しっと》深い悪魔です。自分が最も愛され、自分のためならなんでもしてくれるように、それを乱用する人間を変えていきます。

Q.「ドラッグを乱用するかしないかは、個人の自由である」これは本当でしょうか?

この考えには、二つの大きな問題が潜《ひそ》んでいます。

一つは、「薬物をやって困るのは、それを乱用した本人である。誰にも迷惑をかけるわけではないのだから、本人の自由だ」という誤解です。数十におよぶ中学校や高校で行なったアンケート調査でも、数%の生徒がこのように回答しています。本当にそうなのでしょうか。

　どのような薬物であっても、乱用を続けるためにはお金がかかります。そして、乱用者にとって、薬物を手に入れ使用することは命より大切なことです。手に入れたお金は、薬物を買うために右から左へと使われていきます。家庭をもっている乱用者は、必ずといってよいほど家庭を破壊しますし、青少年の場合は、両親を追いつめ、時にはこのお金のために犯罪や売春にはしります。

　私のもとには、一年に一〇〇〇件を超える薬物乱用についての相談があります。そのうちほぼ八割は、乱用者の家族からのものです。両親からの場合もありますし、夫や妻からの相談もあります。しかし、いずれの場合も、家族は精神的にも金銭的にも追いつめられ、苦しんでいます。私は、今まで四〇〇〇人以上の薬物乱用者の更生に取り組んできました。しかし、残念ながらその中の四〇人を死によって失いました。一九人が自殺です。彼らは、いずれも薬物の乱用をやめてから自殺しています。

　ある青年は、遺書にこう書きました。

「先生、俺、もう生きれないよ。先生、薬やめたらすべてがわかった。シャブ代でサラ金から金を借り、親の生活をめちゃくちゃにし、たった一回のシャブ代のためにあいつをソープにつけた。もう、つらいんだ。俺なんて、生きていてもしょうがないんだ。もう、みんなにかけた苦労を考えると生きていけないんだ」

二〇〇三年三月三日、私は、黒いネクタイと白いネクタイをつけました。この日は、私の勤める夜間高校の卒業式でした。しかし、そのめでたい日が、私の薬物とのたたかいにおける一〇人目の死者を送る日ともなったのです。

一九九八年に、私はある高校生と関わりました。この少年は、優しい母親と二人で暮らしていました。まじめで成績も優秀で、前途《ぜんと》を期待される少年でした。ところが、高校一年の時に覚せい剤と出合ってしまいました。好奇心から手を出した覚せい剤が、彼の人生だけでなく、彼の母親の人生までも破滅へと追い込みました。最初は母親の財布からこっそりお金を盗んで覚せい剤を買っていた彼が、数カ月後には母親を脅《おど》し、暴力を振るってお金を奪《うば》うようになりました。そして、母親の前でも臆《おく》さず覚せい剤を乱用しました。

途方《とほう》に暮れた母親が私に相談してきました。私は母親を保護し、彼に薬物治療の専門病院に入院することを勧《すす》めました。しかし、覚せい剤を手に入れるお金欲しさに、彼は帰宅途中のサラリーマンを襲い、大けがを負わせて財布を奪いました。そして、彼は強盗傷害の罪で逮捕され、少年院に送致《そうち》されました。

その後、彼の母親からの連絡は絶え、私も彼の出院後に改めて彼と話し合おうと考えていました。ところが三月二日、彼の担当の保護司《ほごし》さんから「彼が、少年院を出てすぐに自殺した」と連絡がありました。保護司さんの話を聞いて、私は自分の至らなさに悲しくなりました。

母親は、彼の逮捕後、息子が傷つけた被害者の方への賠償《ばいしょう》に日々苦しんでいたそうです。そして一九九九年の暮れに、生活苦から前途を悲観して、彼の出院を待たず自殺をしてしまったというのです。

彼は出院後、自らの犯した過《あやま》ちの大きさに耐えきれず、母親の後を追っていったのです。しかも、母親が三カ月前に首をつったその場所で自らの命を絶《た》ちました。私が、この間に一度でも母親と連絡をとっていれば防ぐことのできた死でした。

このように、薬物乱用は乱用者だけではなく、その愛する人たちも悲しみの底へと突き落とします。特に、その愛が強ければ強いほど、地獄の底へと落とし込んでいきます。

次に二つ目の問題。一部の人たちから「薬物自己責任論」という形でよく言われることです。アルコールであれ覚せい剤であれ、薬物を乱用することはその本人の選択であって、その結果として依存症になろうと死のうと、それはその乱用者本人の責任であるという考え方です。

この考え方、一般市民の間だけではなく、行政関係者や政治家の間にも根強く残っています。そのため、薬物関係の医療機関や自助グループに対して差別が行なわれたり、その補助を抑制されたりと、多くの問題が発生しています。しかし、本当にこれでよいのでしょうか。

私の手許《てもと》には、アルコールによる日本の社会的損失に関する報告書があります。これによれば、アルコールによる社会の損失は、交通事故、犯罪、急性アルコール中毒死などで、日本では、年間一〇兆円に及ぶとされています。

また、アメリカでは「薬物乱用防止教育にかかる費用は、一人一ドルにすぎないが、乱用者の更生や治療にかかる費用は、乱用者一人当たり百万ドルに及ぶ」と言われています。このことからわかるとおり、薬物の問題は「乱用者個人の問題」と切り捨ててはおけない、私たち社会全体に関わる大きな脅威《きょうい》なのです。

私は、アルコールであれどんな薬物であれ、その乱用が広まる背景には、その時代の社会が抱えるさまざまな矛盾《むじゅん》や問題が大きく反映していると考えています。このことからも、「薬物自己責任論」を捨て、薬物は社会が抱える私たち全員に関わる問題であるという視点を、すべての人にもってもらいたいと願っています。

Q.「薬物を乱用する人には、必ず乱用に至る精神的な原因がある」これは本当でしょうか？

これは、薬物関係の医療の現場でよく言われることばです。これ自体は、決して大きな誤解ではありません。

確かに、専門家の間では「薬物は、まじめな子ほどまじめに使って死んでいく」、また「薬物は、心の傷が深い子ほど、その傷を埋めるようにたくさん使って死んでいく」と言われます。薬物を乱用し、摂食障害《せつしょくしょうがい》やひどい神経症に陥《おちい》るケースのほとんどでは、薬物乱用のトリガー（引き金）として、それまでの成育過程でのトラウマ（心の傷）を見ることができます。このトラウマが大きいほど、薬物に強く救いを求め、泥沼《どろぬま》へとはまっていきます。薬物乱用者の回復に取り組む者にとって、最も苦労するのがこのケースです。

私は、第六次薬物汚染期を考えた場合、この考えに執着《しゅうちゃく》することは、非常に問題が多いと考えています。今回の汚染期で急増しているのは、心の傷を埋めるために薬物に救いを求めた人、言い換えれば、薬物の力を借りて生きようとした人です。

ほとんどの精神科医は、このような若者に対しても、その薬物乱用の原因探求を行ないます。その結果、その若者たちは「なんだ、自分たちは、きっとそれまでの人生で、親や教師、あるいは大人たちからトラウマを与えられた被害者なんだ」と考え、ひどいケースでは、自ら立ち直ろうとする意志を捨て去り、その被害者意識にしがみつき、周囲を批判することで生きていきます。これは、彼らの回復にとっては大きなマイナスです。また、多くのケースでは、過去を思い出し、語ることがフラッシュバック（再燃現象）の引き金となり、さらにそのつらさから逃れるためにドラッグやＯＤへと逃げ込んでしまいます。

私は、自分の関わった薬物乱用者に対して、その人の過去を聞くことはしません。過去はもう過ぎ去ったものであり、それを遡《さかのぼ》ってトラウマの原因を見つけたとしても、それはすでに癒《いや》すことはできないと考えるからです。また、自分の過去を語り、自分の薬物乱用に対して正当化をはかる人には、それをやめるように言います。そして、明日をともに考えます。

薬物乱用者にとって大切なのは過去でしょうか。私はそうは思いません。過去を蒸《む》し返すことは、ただでさえぼろぼろになっている彼らの心を再び傷つけ、場合によっては薬物の魔の手へと彼らを押し返してしまうことにもなります。私は、彼らとともにどのような明日を迎え、どのように新しい人生を切り拓くことができるかを考えていきたいのです。薬物乱用者にとって、「過去は、踏みつけるものであって、それにこだわって浸《ひた》るものではない」と、私は考えています。

Q.「ドラッグをやることはカッコいいことである」これは本当でしょうか?

これは嘘です。ドラッグの本当の姿を知らない人たちが、勝手に思いこんでいることです。

でも、みなさんが今こう思っているとしたら、気持ちはよくわかります。たとえばタバコです。私も子どものころ、大人がタバコを吸い、煙をたなびかせている姿にあこがれました。今でも、渋い俳優がテレビでうまそうにタバコを吸っている姿を見ると、「カッコいいなあ」と感じます。

また、アルコールに関しても、みなさんが、やってみたいとあこがれる気持ちもわかります。若い人気タレントがテレビで、うまそうにアルコールを飲み干す姿を見れば、誰だって「カッコいい」と思い、自分もやってみたくなるでしょう。

たとえ、覚せい剤やマリファナなどの他のヘビードラッグでさえ、みなさんの先輩や仲間がやっているのを見れば、「すごい、俺も」とやってみたくなるでしょう。

でもこれはドラッグのうわべだけを見ているに過ぎないのです。

タバコを乱用すれば、口だけでなくからだ中が臭《くさ》くなります。また、歯はヤニで茶色く染《そ》まります。これがカッコいいのでしょうか。

アルコールを過度に乱用すれば、酔っぱらってしまい、人によっては、吐いたり、暴れたり、騒いだり、道ばたで場所も考えずに寝てしまったりします。中には、大便や小便を垂れ流してしまう人すらいます。みなさんもこうなった人を見たことがあると思います。これがカッコいいのでしょうか。

これは他のどんなドラッグでも一緒です。乱用の行き着く先には惨《みじ》めさしかありません。私の知っている限り、ドラッグを乱用してカッコよく生きている人は一人もいません。

みなさんは決してだまされないでください。ドラッグの本当の姿を忘れないでください。

Q.「ドラッグを一度でも乱用すれば、人間をやめることになる」これは本当でしょうか?

このことばを言った人間の気持ちはよくわかりますが、これは言い過ぎです。たぶん、このことばを言った人は、このようにして、みなさんにドラッグについての恐怖心を持たせ、みなさんが怖がってドラッグに近づかないようにしたいのだと思います。

しかし、このことばどおりならば、ドラッグを乱用し、そこから立ち直った多くの人たちがあまりに可哀想《かわいそう》です。薬物依存症者の自助グループ・ダルクでは、ドラッグの依存症から抜け出した多くの人たちが、次の依存症の人たちをドラッグの魔の手から救うために努力しています。彼らはみんな素晴らしい人間です。

また、私の関わった若者の中に、一度覚せい剤を乱用し、

「なんだ、別に人間やめなくてもすんだ。大人は嘘つきだ。覚せい剤なんてたいしたことない」

と、乱用を繰り返し、見事に依存症になってしまった少女がいます。

私はこのようないい加減な脅《おど》しは、みなさんに対して失礼だし、また害が多いと考えます。

このことばは、本当はこう言うべきでしょう。

「ドラッグの乱用を続ければ、確実に人間をやめることになる」

また、みなさんを脅すわけではないのですが、あるドラッグに関して有名な医師は、

「ドラッグを一度でも乱用してしまったら、完全に乱用前の状態に戻すことはできない」

と言っています。私はこれは真実だと思います。ドラッグを一度でも乱用し、いい気持ちになるという経験をしてしまうと、必ず「また使いたい」という強い欲求が生じてしまいます。この欲求とたたかい続けない限り、ドラッグを止めることはできなくなってしまいます。そして、このたたかいは一生続くこととなります。

私はこう言いましょう。

「ドラッグを一度でも乱用すれば、ドラッグを乱用したいという欲求と一生たたかい続けなくてはならなくなる」

Q.「ドラッグに関して、寝た子は起こすな」これは本当でしょうか？

このことばも、多くの大人たちからよく耳にすることばです。これはつまり、ドラッグについての情報は、それが正しいものであれ、若者に伝えないほうがよい。なぜならば、そんな話をすれば、みなさんがかえってドラッグに興味を持ってしまい、乱用したくなってしまうから、ということです。

私はドラッグについての講演で、今までに多くの高等学校を回りました。そのいくつかの高等学校で、校長先生たちから、

「うちの学校の生徒はまだまだ大丈夫です。あまりドラッグについて詳しい話をされると、かえってドラッグに興味を持ってしまいます。気をつけてください」

と言われました。私はそのたびに、

「もう寝た子はほとんどいません。また、寝た子は今こそきちんと起こしてあげなければなりません。むしろ寝たままでいたいと駄々《だだ》をこねているのは、そのように考える先生自身なのではないですか」

と答えました。

みなさんにお聞きします。みなさんは、「寝た子」ですか。今や、マスコミや雑誌、本、インターネットなどにはドラッグに関する情報があふれています。そして、そのほとんどはいい加減なものです。また、みなさんのドラッグへの興味や関心をあおるようなものです。こんな状況だからこそ、みなさんにきちんとした正しい情報を伝えていかなければならないのではないでしょうか。また、みなさんの中に「寝た子」が

いたとしても、きちんと「起こしてあげる」必要があるのではないでしょうか。

私は、多くのドラッグがみなさんにその魔の手を広げている今こそ、みなさんはドラッグについてきちんと知るべきだと考えます。そして、ドラッグの本当の姿を知ることによって、自らドラッグに近づかないという強い意志をつちかっていくべきだと考えます。

Q.「薬物乱用は、『愛の力』で克服することができる」これは本当でしょうか？

私は、これがいま最も困った誤解だと思っています。多くの薬物乱用者の家族やその周辺にいる人たちが、この誤解のもとに、愛の力で乱用者を薬物の魔の手から救おうとして、かえって破滅《はめつ》へと追い込んでいます。そして、自らもぼろぼろになってしまっています。すでに述べたように、私もその過《あやま》ちを犯した一人です。

薬物依存症は病気です。病気は、愛の力で治すことはできません。病気は、医師や専門家の力ではじめて対処できるものなのです。

愛の力では薬物乱用者を救えないことを示す事例を挙げておきます。

私は、数年前の九月、高校二年生の少女に死なれるところでした。その少女は、シンナーの乱用を繰り返す一八歳の彼氏のことで、私に相談してきました。その日はどうしても私の都合がつかず、週末の夜、彼女と彼のところへ行く約束をしました。私が彼に会うということでうれしくなった彼女は、その日の夜一〇時頃、彼の家を訪ねました。そして、彼の部屋のドアを開けました。ちょうどその時、彼はシンナーをティッシュペーパーに染《し》み込ませ、それをビニールの袋に入れていたところでした。

彼女はその袋とペットボトルに入ったシンナーを彼から奪い、そして彼に聞いたそうです。「私のこと愛してる?」と。彼は「愛してるよ。お前なしじゃ生きれない」と答えたそうです。彼女が「だったらシンナーやめて。金曜日には、シンナーの専門家の水谷って先生が、ここに来て相談に乗ってくれる。せめてその金曜日まではシンナーやめて」と頼んだそうです。彼は「さよならシンナーだ。今日でもうやめる。最後だから吸わせろよ」と、彼女に迫ったそうです。彼女は「いつもそう言って、もう一年、毎日のようにラリってるじゃない。絶対に渡さない」とシンナーを窓から捨てようとしました。彼は彼女に襲いかかり、彼女の腹を蹴り、痛さにしゃがみ込んだ彼女の手からシンナーを奪って、吸引し始めました。

彼女は、その悲しみから、部屋の片隅《かたすみ》でずっと泣いていました。そして夜一一時半頃、「私が苦しめば、きっと彼はシンナーをやめてくれる」という必死の思いで、彼の手許《てもと》にあったペットボトルのシンナーを奪い、それを飲みました。シンナーは毒物・劇物です。当然のことながら、飲めば最初に胃けいれんが起こります。彼女は、胃の内容物をすべて吐きました。しかしそれでもけいれんは止まりません。今度は、全身がけいれんし始めます。その苦しみの中で、必死で彼のもとに這《は》っていき、彼に「お願い、お医者さんに連れてって」と何度も何度も頼んだそうです。彼は、そのたびに「うるせーぞ」と彼女の手を振り払い、シンナーを吸引し続けていたそうです。

朝の四時頃、ようすがおかしいことに気づいた彼の母親が、彼の部屋に入ってきて驚き、救急車を呼んでくれました。

このケースについても、「きっと彼は、彼女を本当は好きではなかったんだ」とか「愛が足りなかっただけさ」などと思う人もいるかもしれません。しかし、私は、そうは思いません。彼の心に彼女へのいとおしさや愛はあったでしょう。しかし、ドラッグの魅力は、ドラッグを使いたいという欲求は、その愛よりもはるかに強かったのです。

ある新聞記事に私の紹介記事が掲載されたときのことをお話ししたいと思います。その記事に、私の自宅の電話番号が載ってしまったために、その日は二二本の相談の電話がありました。三本は乱用者本人から、一九本は乱用者の家族からでした。どの家族も、数カ月から数年にわたり乱用を繰り返す子どもや夫についての相談でした。どの家族にも共通していたことは、ドラッグを乱用することは犯罪であることはわかっているけれど、愛する子どもや夫を警察には渡したくない、そう考えて「愛の力」での更生をはかりつづけてきたことでした。そして、どの家庭も更生に成功するどころか、金銭的にも精神的にも破壊されていました。

薬物乱用者の家族や本人からの相談があるたびに、私はその本人と家族とに会います。そして、本人には、私の紹介する専門病院への入院かダルクへの入所を勧《すす》めます。また、家族には、これを本人が拒否した場合、家族としての縁を切り、家から出すことを勧めます。

ドラッグの乱用は乱用者を孤独にします。なぜなら、乱用者にとってはドラッグこそがすべてですから、家族や友人を大切にしませんし、ドラッグのためなら平気で裏切ります。その一方で、薬物乱用者はこの孤独を恐れます。孤独のなかで「もうこれ以上ドラッグを使えば、自分はおしまいだ。助けて……」という叫びが出ることを、私たちは「底付き」と呼んでいます。専門家の多くは、この「底付き」によって初めて、薬物に決別しようとする動機づけが始まると考えています。

家族や周囲の人が「愛の力」で救おうとすることは、この「底付き」を遠ざけてしまうことです。「まだ自分は孤独ではない。もう少しだけなら使っても大丈夫」と乱用を繰り返して、精神やからだにもう後戻りできないダメージを受けてしまうことになります。

電話相談のケースでは、二二ケースのうち私やダルクが関与できたのは、残念ながら三ケースだけでした。後のケースでは、もう乱用者が壊れすぎており、精神病院か警察に連絡をとって保護してもらうよう勧めたのですが、その後返事がありません。いまだに抱え込んで、死への道をまっしぐらに進んでいるのでしょうか。

Q.「薬物乱用は、法律を改正し厳罰化すれば、沈静化することができる」これは本当でしょうか？

私が薬物汚染に関するテレビ番組に出演したときのことです。このときに、その番組のレギュラーコメンテーターを務めたある芸能人の発言に、憤《いきどお》りと悲しみを感じました。彼は、私をはじめ、現在薬物汚染の問題に必死で取り組んでいる何人かの報告や話を聞いた後で、薬物汚染の拡大を防ぐための手段として一つの方法を提案しました。それは「お隣の国中国では、薬物を使用すると公開で死刑にしているという。日本でも、薬物乱用への罰則をもっと強化すればこの問題を解決できるのではないか」というものでした。

彼は、この発言のなかで、三つの間違いを犯しています。

一つは、中国で死刑とされるのは、薬物の乱用者ではなく、密売者のみです。中国には、その環境が優れているかどうかは別として、薬物乱用者のための公的な施設が存在します。この意味では、私たちの日本よりはるかに薬物問題に対する対策が進んでいます。

もう一つは、乱用を続けて薬物依存症になってしまうと、薬物はその乱用者にとって命よりも大切なものとなってしまうことです。たとえ、その乱用が自らを刑務所に入れることになるとしても、また極端ですが、死刑になってしまうとしても、やめることのできないものなのです。ここに薬物の怖さがあります。東南アジアのいくつかの国では、一定量以上の薬物の所持で死刑の判決を受けます。それでも、それらの国では、薬物汚染の問題は解決されていません。彼はこの事実をどう受け止めているのでしょう。

最後の一つは、いかに薬物乱用に対する罰則を強化したとしても、薬物乱用を生み出す社会の問題を解決しない限り、次から次と法の網をかいくぐって、新しい「脱法ドラッグ」などの薬物がつくり出されるだけであるということです。

薬物乱用は社会の病です。歴史的に見ても、現在の世界のさまざまな国々のようすを見ても、その社会の多くの人間が、日常的に閉塞感《へいそくかん》を感じる状況のもとでしか、ドラッグは広く蔓延《まんえん》していません。薬物乱用を防ぐためには、社会自体を変えていくことが最も重要であると私は考えます。

　いま日本で、彼のように厳罰化を考える人間が増えてきています。私は、少年法の改正についての議論が活発に起こり、ついに改正されてしまった際にも同様のことを感じました。安易《あんい》に罰則を強化し、処罰されることの恐怖から犯罪や少年非行や薬物乱用を防ごうということは、これらの問題の根本的な解決や解消には決してなりません。それらの背景にある、私たち自身が生きる社会が抱える問題を、その社会に所属する一人ひとりの人間がきちんと解決していかない限り、一歩も前進したことになりません。私は、薬物乱用を個人の問題としてとらえるのではなく、社会全体の抱える問題としてとらえる視線を持ってほしいと願っています。

V　薬物問題が起きたらどうするか

✴薬物乱用者のタイプとその対処例

ドラッグを乱用する生徒や若者と出会った場合は、どうしたらよいのでしょう。また、不幸にも依存症になってしまっている生徒や若者に対しては、その回復のために何をすればよいのでしょう。

私のもとに若者や親が相談にきた場合、私はまず、その乱用者がどのようなタイプであるかを本人や親の話から見きわめ、そして、そのケースに応じて対処していくようにしています。まずは、この類型についてみていきましょう。

❖遊びのつもりで

次ページの表に示した三つの類型のなかで、私が「第五次薬物汚染期」と名付け、大きな社会問題となったのは、「単純遊び型」でした。この型では、乱用薬物が依存性の弱いマリファナなどの場合は、薬物依存にまでいたるケースは少ないのですが、依存性の強いドラッグの場合は、最初はファッション感覚で遊びのつもりでも、数回

薬物乱用者の類型

類型	乱用動機	乱用形態	依存形態	問題性
単純遊び型	好奇心	集団使用 単独使用	機械的使用 強迫的使用	脱線的
非行型	非行集団の仲間意識	集団使用 単独使用	機械的使用 強迫的使用	反社会的
依存型	精神依存	単独使用	強迫的使用	脱社会的

の乱用でいつのまにか依存症になってしまいます。シンナーや覚せい剤の場合がこれです。最初は仲間との遊びの一つとして集団使用していたドラッグが、いつのまにか単独使用に変わります。これが、依存症レベルに入ったことの一つの目安となります。

私が関わった、ある地方の三人の女子中学生の事例を紹介しましょう。夏休みに一人が家で叱られたことから家出し、近くの駅のコンビニでどうしようかと、三人で相談していたそうです。そこに一人の青年が車で近づき、声をかけてきました。彼の甘いことばにのり、三人は彼の車でドライブをしました。そして朝も近づいた頃、「これ飲むと元気になるよ」と結晶状のものをもらって三人で飲んだそうです。もう一瞬で疲れはとれ、嫌なことも飛んでしまい、こんないい薬があるのかと思ったそうです。これが覚せい剤でした。

三人の女子中学生は、その後もこの青年と会い続け、ついには、覚せい剤なしでは辛くて我慢できなくなり、三人一緒に家出して彼のアパートに転がり込みました、そして、お決まりの転落です。彼の言うままにテレクラや伝言ダイヤルに電話をして、買春されることを繰り返しました。一人が中学の友人に電話をしたことから所在がわかり、ようやく補導されました。現在、三人とも覚せい剤の依存症に苦しみながら、これからの人生を再構築しようとしています。

しかし、その道のりは非常に困難です。

❖みんなやっているから

これは「非行型」についても同様のことがいえます。先のケースでは、最初の乱用動機は、仲間との関係維持です。暴走族やチーマーの場合は顕著ですが、必ずと言ってよいほど、そのグループにシンナーや覚せい剤などの薬物が入ってしまうと、ほほ全員でその乱用を始めます。彼らに、その理由を聞けば、必ずこう答えます。「だって、みんなやってたから……」。こうして乱用を始め、そのなかの一部の若者たちは依存症へと突き進みます。この場合も、単独での使用をしているかどうかが、依存症であるかどうかを判断する一つの目安となります。

先日私のもとに、ある母親からの相談がありました。都内の有名な私立の女子中学校に在籍する中学三年生の娘が、春休み以来、夜の渋谷にはまってしまい、無断外泊を繰り返し、挙げ句の果てに「万引き」で警察に補導されてしまったというのです。私は、すぐこの親子と会うことにしました。

その次の日に、この母親と女子中学生は私のところに来ました。母親の顔には、私がきっと娘を諭し、変えてくれるという期待感があふれていました。娘は、なんでこんなところに来なくちゃいけないのかという不満がありありと顔に表れていました。私は、彼女をはじめて見て愕然としました。彼女の顔には、まさに覚せい剤乱用者特有の陰があり、そして、彼女の動きや仕草には「売り（買春される）」をしたことのある女の子特有の崩れがあったからです。

彼女に私が最初に言ったことばは、「悪いけど、君、クスリやってるね。それに売りも……」でした。彼女は一瞬びくっとし、そして「私やってないよ。友だちはやってるけど……」と答えました。それから三時間以上にわたって、私は彼女と母親の前で話しました。

彼女の話はこうでした。彼女は中学二年まで、両親の言うとおりまじめに勉強し、まじめに生きてきました。しかし、楽しいことは何もなかったというのです。そんななかで、彼女の周りにいる友人たちの、適当に親の言うことを聞いているふりをしながら繁華街や夜の街で遊んでいる姿を見ていたら、いままでの自分の生き方が馬鹿らしくなったそうです。そして、この春休み、友人に誘われるままに渋谷の街に遊びに行き、チーマーの組織にはまってしまったそうです。最後には、常習的に万引きしていたことも、覚せい剤を街で出会った若者から勧められ乱用したことも、お金のために何度か買春されることを繰り返したことも認めました。

それを聞いていた母親は動揺し、感情的になり、彼女に「なんでそんなことをしたの……」と泣きながら何度も何度も繰り返し言いました。彼女は「今までいい子やってやったんだから、もういいでしょ。これからは自分の好きにするんだ。それに、みんながやってることをしてるだけなんだから……」と答えました。

私は、彼女に彼女のしていることがどのように問題のあることか、そのようなことを繰り返していけば、その行き着く先は何かをきちんと伝え、再度私と会うことを約束させて帰しました。彼女のケースでは、覚せい剤の使用もまだ仲間との集団吸引であり、現在はなんとか家庭と私との連携で再度の乱用を抑え込んでいる状態です。

いま、このように「善」と「悪」、あるいは「してよいこと」と「してはいけないこと」などの規範意識をまったく持っていない若者が急増しています。彼らにとって、ある行為を行なう場合の基準は、自分の周りにいる「みんながしているかどうか」です。私には、これは当たり前のことに思えます。

いま、日本の多くの子どもたちは、自分できちんとものを考えるゆとりを与えられずに育ってきます。家でも学校でも「ああしなさい」「こうしなさい」という指示に従って、言われるままに「受け身」で生きています。これは遊びでも同様です。テレビにしてもゲームにしても、すべて受け身で楽しまされているにすぎません。そこには、創造性も自分で考えることも必要とされていません。

このように育てられた子どもたちも、当然のことながら自分自身で考え、行動しなくてはならない時がきます。そのとき彼らはどうするのでしょう。自分の力で考え、行動することのできない彼らは周りを見渡します。そして、そのことが「善」であるか「悪」であるかを問うこともなく、周りの仲間たちと同じことをしていきます。「万引き」「買春されること」「薬物乱用」など、ただ「みんながやっているから」というだけの理由で繰り返し、そして悪の道にはまっていきます。

❖ドラッグに救いを求めて

「依存型」のように、成育過程で受けた家庭や学校などでのトラウマ（精神的な心の傷）からドラッグに逃げ込んでいる場合は、専門家にとって最もやっかいなケースです。実は第六次薬物汚染期において大きな問題となっているのが、このケースの若者たちです。このケースでは、乱用者はドラッグに救いを求め、ある場合はドラッグの力を借りて、やっとのことで精神の安定や生命の維持をはかっています。この型の場合、むやみやたらに乱用者からドラッグを奪い去ってしまうことは、乱用者を死へと追いやることにもなりかねません。このケースでは、肉体的なケアとともに、精神的ケアや心理的ケア、環境を変えることなども欠かすことができず、回復には長い時間と大きな困難がともないます。

先に紹介した「Ⅱ・ドラッグのとりこにされた若者たち」の「ドラッグに救いを求め、消えていった少女」の事例がこのケースです。

❖タイプ別にみた対処例

「単純遊び型」の場合では、乱用のどの段階で専門家が関わるかが非常に重要です。

私の経験からいって、ドラッグの乱用形態が集団使用のみというケースでは、単なる遊びか仲間との集団意識からドラッグを使用していることが多く、その集団からの離脱、家庭や学校での処遇改善、ドラッグの危険性についてのきちんとした知識を身につけさせることで、比較的たやすく薬物乱用から抜け出させることができます。

それゆえ、乱用者本人に反省や悔悟の気持ちがあり、家族の適切な対応が得られるならば、教師や保健所の担当者が直接関わって回復させることも可能です。私は、このようなケースでは、乱用者と日々の生活についての約束をつくり、それをきちんと実行させていくという生活指導を行ないます。

またそれと同時に、乱用者の家族を、各都道府県の精神保健福祉センターや一部の保健所、一部のダルクで行なっている家族教室や家族会に参加させます。当然のことながら、乱用者と最も多くの時間を共有し、その回復に最も関わることになるのは家族です。家族自身が、ドラッグの真の姿を知り、そして乱用者へのあるべき対応を学ぶことは大きな力となります。

しかし、本人に回復への意欲、また遊び中心の生活から通常の学校生活へ戻ることへの意欲がない場合は、対応が難しくなります。このようなケースでは、本人を薬物治療の専門病院へ通院させ、ドラッグの乱用によって自らの脳や内臓機能にどの程度のダメージが生じているか、このまま乱用を続ければどうなるのかについて、医師からきちんと指導を受けさせることによって、本人の自覚とドラッグからの離脱への意志をつくろうとします。

この場合も、家族に家族教室や家族会に参加して、乱用者への対応を学んでもらうことは同様です。

なお、「単純遊び型」の乱用でも、単独使用にまで進んでいるケースでは「依存型」になっている場合がほとんどで、その回復には多くの時間と努力を要します。

以上のことは、「非行型」についても同様です。集団使用のレベルならば、医療機関等で適切な治療を受け、断薬の動機づけを受けることにより、比較的早く回復できる可能性があります。ただし、集団使用といっても、特に暴走族等の非行集団に属しているケースでは、その集団から離脱させなければならないという別な困難もあります。

このようなケースの場合、私は、本人の生活地域から離れたダルクへ一～三カ月程度入所させ、薬物乱用や暴走行為などからやっとの思いで抜け出しつつある若者たちとの共同生活のなかで、自分をもう一度見つめ直させます。また、家族には、乱用原因の背景として暴走族等の問題集団との関わりがあるため、各都道府県の警察が設置している青少年相談室等への相談を勧めます。

薬物の単独使用にまで至っている場合は「依存型」に分類できます。また、「依存型」は二つに分けることができます。

一つは、成育過程で受けた家庭や学校等での精神的な傷からドラッグに逃げ込んでいる場合です。私は「ドラッグの力を借りて生きてきた子」と呼んでいます。このようなケースでは、肉体的なケアとともに、依存にいたった精神的ケアや心理的ケア、環境を変えることなども欠かすことができず、摂食障害や依存のすげ替え、自傷行為、自殺などに至ってしまう場合も多く、回復に長い時間と大きな困難がともないます。また、こうしたケースでは、学校や保健所等の相談機関はまったく無力であり、、医療の領域での長期の入院をともなう対応が必要となります。

二つ目は、「単純遊び型」や「非行型」から一定期間の乱用をへてドラッグへの依存が形成された場合です。

このケースで最もしてはいけないことは、親や教師、担当者等が抱え込み、愛の力で救おうとすることです。薬物依存は依存症という病気です。病気は、愛の力で回復させることはできません。むしろ「底付き」、すなわちもうこれ以上薬物を使い続けることはできないという自覚の形成を妨げ、またそれどころか、まだ自分には自分を見捨てていない人がいると安心して薬物乱用を続けさせてしまう「イネイブラー」（薬物乱用を助ける人）となってしまう可能性があります。速やかに専門医療機関に相談し、医療機関の治療と自助グループ、特にダルクへの入所や通所をとおして、ドラッグなしの日を一日一日と積み重ねさせ、ドラッグから離脱させていくことが大切です。

✴薬物問題に対する基本的な態度

❖犯罪であると同時に病気である

薬物問題に関わる際に、決して忘れてはならないことがあります。それは「薬物乱用は、法に背く犯罪であって、しかも依存症という病気をともなう」ということです。そしてどの「犯罪」と「病気」に関して、家族であれ教師であれ、一般の人間はまったく何もできないということです。「犯罪」という意味でこの問題とたたかうべきなのは、関係司法機関や関係取締機関ですし、「病気」という意味でこの問題の解決を図るべきなのは、医療機関や保健所などの関係行政機関です。

いま日本では、この薬物問題に対して関係している各機関がさまざまな形で動き始めています。たとえば警察ですが、それまでのただ検挙一辺倒の対応から、相談を受け、その相談に乗りながら他の機関と連携して、乱用者の更生をはかる方向に動きつつあります。また、各都道府県の精神保健福祉センターには、相談窓口が設置され、乱用者本人や家族からの相談を受け付けています。そして、一部のセンターでは「家族会」や「家族教室」を開設し、乱用者の更生のために家族を支えようとしています。一部の保健所でもこうした動きが始まっています。

すでに述べたように、薬物問題に直面した際には、決して抱え込むことをしないでください。「抱え込み」は乱用者本人をつぶすだけではなく、関わった人までつぶしてしまいます。次ページの表に、私の経験から、薬物依存の進行とそれに対応した対処の例をあげてみました。これはあくまで一つの目安であり、絶対的なものではありません。私の経験から言って、できる限り乱用早期に発見し、関わる人が多ければ多いほど回復が早いように思えます。

薬物乱用の進行にあわせた対処法

依存度	対処法
なにかおもしろいことはないか	薬物供給の根絶 家庭や学校での予防教育
↓	↓
ドラッグとの接触・乱用開始	早期発見 家庭や学校での指導 関係相談窓口への相談
↓	↓
趣味よりドラッグ	家庭や学校での処遇改善 少年保護専門機関への相談 薬物専門医療機関への相談
↓	↓
学校よりドラッグ	
↓	
友人よりドラッグ	少年保護専門機関による治療 薬物専門医療機関による治療 自助グループへの参加
↓	↓
家族よりドラッグ	
↓	
食事よりドラッグ	薬物専門医療機関への入院 自助グループ等への入所
↓	↓
命よりドラッグ	精神医療へ

❖何より予防教育を

ドラッグを乱用する若者たちをなくすために、いま私たちにできる、またしなければならない最も重要なことは予防教育です。教育というとすぐ学校が思い浮かびますが、学校はもちろんのこと、家庭、地域など青少年に関わるすべての社会できちんとした予防教育を展開することが、現在求められています。小学校の低学年頃から、ドラッグに関するきちんとした予防教育を与え、自らあらゆるドラッグの誘いに対して「ノー」といえる知識と勇気を育てることは、私たち大人の責務です。

この予防教育を展開していく場合に重要なポイントは、ドラッグを、シンナーや覚せい剤などに特定せず、それらの薬物乱用へのゲートウェイ（入口）となっているアルコールやタバコの乱用防止から入ることです。私の経験やさまざまな統計資料からみても、「あぶり」で覚せい剤を乱用した青少年の九割以上がタバコの経験者でした。

また、実際の予防教育においては、ただ単に「ドラッグは怖い。人間をやめることになる」というような脅しではなく、ドラッグがなぜいけないのかを納得できるように教えていかねばなりません。その前提として、指導する側としては、一つひとつのドラッグについて、その性質、乱用した場合の精神や身体への影響などについて、正しい知識を身につけておく必要があります。ところが現実には、きちんとドラッグの予防教育を展開できる人間は数えるほどしかいません。まずは、あなた自身がドラッグに関する知識を正しく身につけ、予防教育をきちんとできる人になってください。

次に、薬物予防教育の七つのポイントを挙げておきます。

①アルコール・タバコは、嗜癖性・依存性の強い薬物である。

②アルコール・タバコは、他の薬物への「ゲートウェイドラッグ（入門薬）」となる。

③アルコールを飲めるか、飲めないかは体質である。

④青少年期からの薬物乱用は、薬物依存症の危険性を確実に増加させる。

⑤ストレスやつらさ、悲しみ、寂しさなどは、アルコールや薬物を乱用しなくても乗り切れる。

⑥若者一人ひとりが、そのままでかけがえのない価値のある存在である。

⑦薬物の乱用は、犯罪であると同時に病気である。

（アルコール問題全国市民協会の資料より改変）

私の経験からいって、どのようなドラッグでも、その乱用は乱用者の精神の成長を止めます。また、明日への意欲や希望を奪っていきます。そして、乱用者の回復には、乱用した期間の数倍の時間を必要とします。この意味からいっても、私たちにいま求められているのは、若者たちへの小学校期からの薬物予防教育の徹底によって、これ以上の乱用者を増やさないことと、乱用のできる限り早い段階で相談できる窓口を充実させ、それを発見し対応できる態勢をつくることなのです。

❖笑顔のあふれる家庭、学校、地域づくりを

現在の「第六次薬物汚染期」で、問題となっているのは、「こころを病んだ子どもたち」です。今、日本中で多くの若者たちが、学校、家庭、社会でのいじめなどのストレスが原因で、眠れず苦しむ夜を過ごしています。そして、そのつらさから逃れるために、アルコールや市販薬、精神科薬の過剰摂取（ＯＤ）へと走っています。

この原因は、すべて現在の私たち大人が作ってしまった攻撃的なストレスの多い社会のあり方に問題があります。これを改善しない限り、この問題の解決はありません。「おはよう」「どうしたの」「ありがとう」「いいんだよ」……、このような優しいこと

ばがいつも響き渡る家庭や学校、社会を作ることが何より大切です。そして、これは、とても簡単なことです。私たち一人ひとりが、日々優しさを周りに配り続ければいいのですから。

✴学校ではどう対応すればよいのか

❖子どもがドラッグを持っていた場合

生徒がドラッグを持っていた場合、どのように対応したらよいのか——。これは、このような生徒と直接関わる養護教諭や生徒指導の教師にとって、非常に大きな問題だと思います。

かつて、私たち生徒指導担当の教師は、生徒がシンナーを実際に吸引している場合、それを捨てさせることから指導を始めました。それは、ドラッグによる生徒の健康被害を少しでも食い止め、つぎの指導に入るための措置として行なわれていました。

しかし、そこには大きな問題があります。なぜなら、生徒が行なっている薬物乱用は、それ自体が立派な犯罪行為だからです。そして、生徒が所持しているドラッグは、その証拠物件なのです。もしも、教師が生徒にそのドラッグを捨てさせれば、それは「証拠隠滅」という犯罪になります。

それでは、どうすればよいのでしょう。警察に通報し、現行犯で逮捕してもらうことがよいのでしょうか。私は、これにも賛成することはできません。教師にとって、生徒との良好な人間関係を維持することは、さまざまな指導を展開していくための基礎です。それを、そのような形で壊してしまうことは、後からの指導が非常にやりにくくなります。

「このようなケースでは、絶対にこのケースを」というような、確立した方法論は存在しません。個々のケースによっても異なりますし、生徒の家庭や環境の違いによっても異なります。そこで、次に、私がとる一般的な方法を述べてみます。

私は、まず第一にその生徒を保護し、両親を呼びます。そして本人を説得し、自分の口から両親に「ドラッグを乱用している」という事実、また「どのような理由から乱用したのか」「どの程度乱用してきたのか」などをきちんと伝えさせます。そのうえで、生徒と両親に対して「薬物乱用は犯罪であり、しかも、乱用の程度によっては、自分の意志ではなんともできない『依存症』という病気になっている可能性もある」

ことを伝えます。そして最後に、警察に自首するか、まずは薬物治療の専門病院に行ってみるかを、生徒と両親に選択させます。

このように対応すれば、まずすべてのケースで、病院に行く道が選択されます。ここから、病院と連携し、その生徒の回復への道を探っていくのです。

❖ドラッグを乱用しているという噂がある場合

「生徒がドラッグを乱用している」という噂を聞きつけた場合は、どうすればよいのでしょう。その生徒との間に十分な人間関係ができていれば、直接その生徒から話を聞くこともできるでしょうが、これは人権上の大きな問題となる可能性があります。

私の知っているある高校では、生徒の覚せい剤集団乱用という噂がでた後に、生徒指導担当の教師たちが、乱用場所と噂されたトイレへの生徒の出入りを監視したり、ゴミ箱の中身をすべて確認したりと、犯人捜しに躍起になりました。私は、教育の現場では、これはあまり勧《すす》められる行為とは思いません。教師は、警察官ではないのですから……。

私なら、全校の緊急生徒集会を開き、全生徒にその事実を伝え、全教師が薬物乱用に対して危機感を抱いていることを伝えます。そして専門家を呼び、ドラッグについて生徒がきちんとした知識を身につけることができるように予防教育を実施してもらいます。重ねて、近隣のドラッグについての関係諸機関や相談センターなどの連絡先を配布します。私は、これが教育機関である学校ができる限界であると考えています。

❖専門家・専門機関の力を活用しよう

私は、覚せい剤を乱用する人から相談を受けると、必ず、三つの道を示します。

一つ目の道は、自分の意志だけで覚せい剤などのドラッグをやめることです。ただ、残念ながら、私やダルクが関わった人で、この道で成功した人は一人もいません。

二つ目の道は、専門家やダルク、専門病院や専門機関の力を借りて、覚せい剤などのドラッグをやめることです。

三つ目の道は、覚せい剤をやめることができず、それでも運よく警察に捕まり刑務所に行くか、運悪く精神病院へ行くか、死体置き場に並んでしまうことです。

すでにお気づきと思いますが、このなかで本当に救われるのは、二つめの道だけなのです。ただし、私やダルクがこれまでに関わった多くの人たちのなかで、本当にドラッグをやめることのできたのは、約三割だけです。残りの三割は再び乱用し、また三割は精神病院か刑務所に入り、悲しいことに一割は死んでいきます。しかも、その多くは自殺なのです。このように言っている私自身、関わった四〇人の若者を死なせてしまっています。

それに加え、現在の日本には、残念ながら青少年の薬物乱用や薬物依存に関して、きちんと相談にのり対処できる機関は、ほとんどありません。本来、この問題に関して中枢をしめるべき各都道府県の精神保健福祉センターも、ごく一部の都県のセンターが多少対応できる程度で、ほとんど役に立ちません。また、保健所に関してはもっと悲惨な状況で、この問題に対する専門家をきちんとおいている保健所は、私が知る限りありません。教育関係の機関でも、残念ながら私の知る限り皆無です。

医療機関についても同様のことがいえます。ドラッグに対しては、精神科や神経科が対応しますが、緊急時の解毒については、現在多くの病院が面倒をみてくれるようになったものの、精神的ケアや断薬への動機づけプログラム・社会復帰プログラム、家族会や家族教室をもつ病院は、全国に数えるほどしかありません。

次ページの図に、私の考える薬物乱用者や家族に対する対応のあるべき姿を示して

薬物乱用者や家族に対する対応

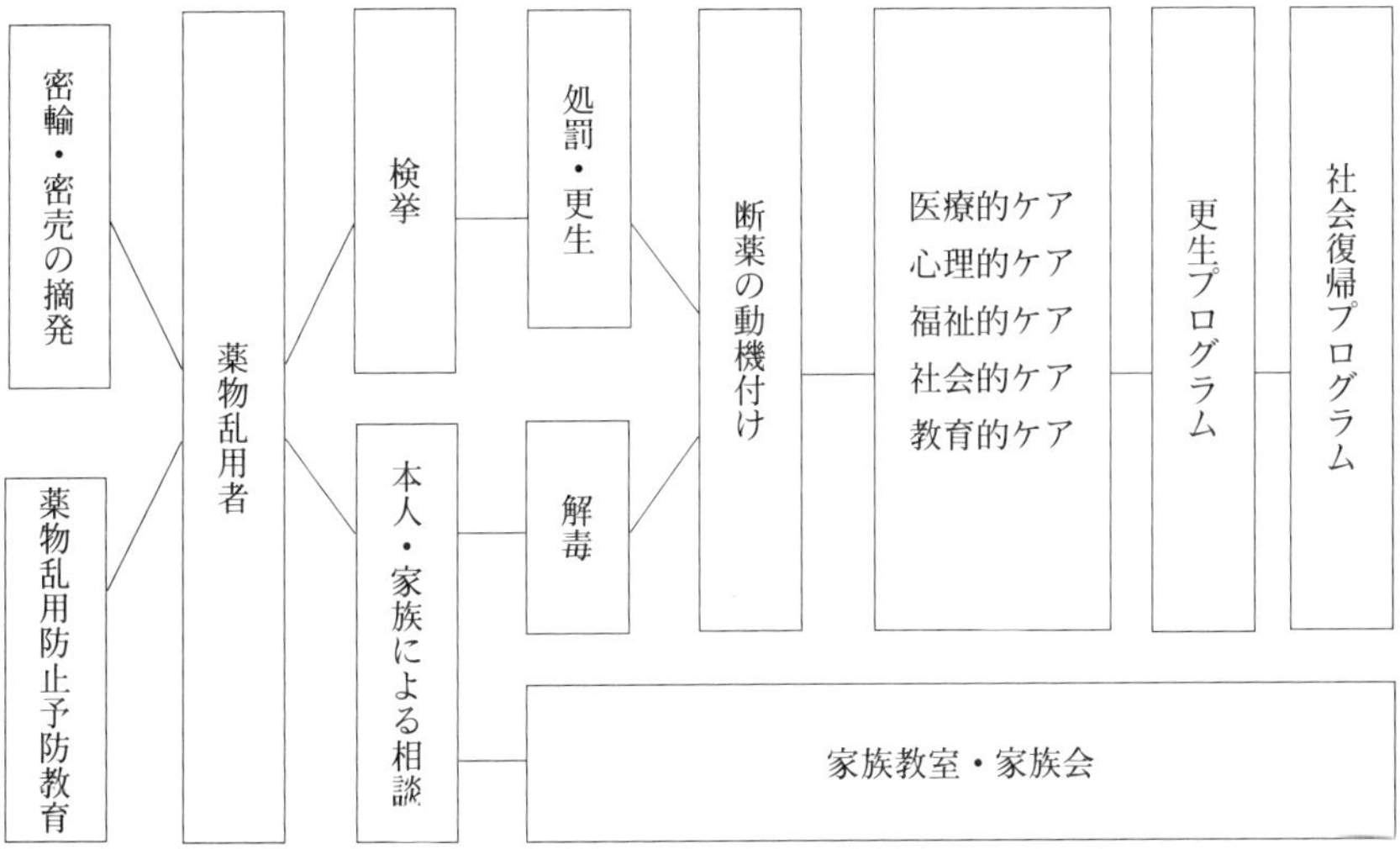

みました。しかし、日本ではまだきちんと行なわれているわけではありません。私があげたような入院施設をもつ大きな病院以外でも、一部の医師が個人の努力によって、あるいは個人医院として、非常に有用な治療活動を行なっている病院はあります。しかし、ここでは入院施設を持ち、完全な治療を行なうことのできる可能性のある病院だけをあげました。

更生施設についても、公的なものは日本にはありません。薬物依存専門の自助グループでは、ダルクと、そこからそのメンバーによって二〇〇〇年につくられたアパリ（アジア太平洋地域アディクション研究所、略称ＡＰＡＲＩ）が活動しているだけです。

二〇三ページの表にある関係諸機関は、あ

くまで私が実際のケースで活用したことのあるところだけです。また、各機関の詳しい活動内容やその機能・評価などについては、ケースや担当者によって異なるため、先入観をもたれてはいけないので明記しませんでした。いずれにしても、これらの機関で救われた青少年が多く存在することは事実です。

乱用者と直接関わるだろう家族や教師の方にお願いがあります。繰り返しになりますが、絶対に自分の力で救おうとしないでください。それは、愛する乱用者を破滅へと追い込むことになります。必ず、さまざまな相談機関に相談してください。相談機関や相談に応じる人によっては、まったく不適切な対応をする人もいるでしょうが、それでもあきらめず電話をしてください。そして、いろいろなアドバイスを受けてください。

それとともに、ぜひ各都道府県の精神保健福祉センターや一部のダルクで行なっている家族会や家族教室に参加してください。そこで、同じ悩みをもつ、あるいはそれを克服した仲間や先輩からアドバイスを受けてください。これが大きな力になります。

正直にここで言いますと、残念ながら、日本だけでなく諸外国の事情をみても、薬物乱用者、特に薬物依存症者に対する治療法や対処法は確立されていません。これは、

関係諸機関

機関の種類	機関名	内容
警察機関	各都道府県ユーステレホンコーナー	電話相談・面接相談
医療機関	神奈川県立精神医療センター せりがや病院 赤城高原ホスピタル 国立肥前療養所	解毒 通院治療 入院治療 更生プログラム
更生施設	ダルク（全国40カ所で活動中） アパリ	電話相談 通所プログラム 入所プログラム

関係する研究者や関わる人たちが無能だということではありません。それほどこの問題は、難しい問題なのです。どうしても、乱用者自身の「ドラッグをやめよう」という強い意志ができることを待つことになります。ドラッグをやめるためには「底付き」が不可欠であるからです。

それと同時に、薬物依存症に心の問題が大きく関わっているケースでは、医療機関の治療体制ではなく、その治療に当たる専門家の力量や患者との相性が、治療の成果に大きな影響を与えます。できる限り多くの専門家（といっても日本では数えるほどしかいませんが）に相談し、心を預けることのできる人を捜すことも大切です。

私は日々多くの若者たちと接しています。私はいつも、頭の問題は頭で対応し、感情の問題は感情で受け止め、心の問題は心で想おうと生きています。しかし、これができている人はあまりに少ないのが現状です。頭の問題に感情で対応し、感情の問題に頭で対応し……と、相手を混乱させる人が、医療や心理の問題に関わる専門家のなかにも多く存在します。ともかく、多くの人との出会いをもち、そのなかから人を選ぶ努力が必要になります。

VI さらば、哀しみのドラッグ

ここまで私は、みなさんにドラッグの本当の姿を伝えようと書いてきました。ここからは、みなさんがどのようにしたら、ドラッグの魔の手から逃《のが》れることができるかを私なりに書いていきたいと思います。

みなさんの中には少数かもしれませんが、すでにドラッグの魔の手に捕らえられてしまった人もいるかもしれません。また、ドラッグに興味を持ち、一度くらい試してみようと思っている人もいるかもしれません。たぶん、この本を読む多くの人は「ドラッグなんて、私は絶対手を出さない」と考えているでしょう。

それぞれのみなさんへ、私なりのドラッグとのたたかい方を書いていきます。

✴すでにドラッグの魔の手に捕まってしまった人へ

みなさんの中にドラッグの経験者はどのくらいいるのでしょう。一割でしょうか。二割、三割でしょうか。わたしは、みなさんの大半はドラッグの経験者だと確信しています。またその中で、すでにドラッグの魔の手に捕らえられてしまった人は一割以上だと思っています。

これを聞いて、「何を大げさに」と思う人がほとんどでしょう。でも忘れないでください。タバコもアルコールも立派なドラッグなのです。

まず、タバコとアルコールというドラッグに捕まってしまった人（いつも乱用している人）にお願いがあります。まずは一カ月間止め続けることができるかどうか、試してみてください。

たぶん、アルコールに関しては、多くの人が止め続けることに成功するでしょう。しかし、タバコに関してはほとんどの人が失敗するでしょう。これは、アルコールの依存性とタバコの中に含まれるニコチンのそれとの強さの差のためです。この止めることができない状態が依存症という病気の状態なのです。

この本をここまで読んできた人は、すでにタバコの怖さについては十分知っていると思います。それでも、自分はタバコを吸い続けるという人に対して、私ができることは何もありません。ただし、仲間に勧《すす》めることだけは止めてください。これは仲間に対するひどい裏切り行為です。なにしろ、大切な仲間のからだや心をぼろぼろにすることなのですから。

もし止めたいと考える人がいるなら、ぜひ、周りの人たち、特に学校の保健室の先生や専門の医師に相談してください。そして、それらの人たちの力を借りて、タバコを止めようと努力してみてください。依存症は自分の意志だけで治すことの難しい病気です。ぜひ専門家の力を借りてください。

みなさんの中には少数とはいえ、他のドラッグ、特に覚せい剤の魔の手に捕まってしまった人もいると思います。この人たちは、すぐにダルク（薬物依存症者の自助グループ）か私のところに連絡をしてください。ダルクも私も警察ではありません。みなさんの相談にのり、覚せい剤を止めるためにともに歩んでいくことができます。

私は覚せい剤を乱用する人から相談を受けると、必ず三つの道を示します。

一つ目の道は、自分の意志で覚せい剤などのドラッグを止めることです。ただ残念ながら、私やダルクが関わった人で、この道で成功した人は一人もいません。

二つ目の道は、私やダルク、専門病院や専門機関の力を借りて、覚せい剤などのドラッグを止めることです。

三つ目の道は、覚せい剤を止めることができず、それでも運が良く警察に捕まって刑務所に行くか、それとも運が悪く精神病院へと行くか、あるいは死体置き場に並んでしまうことです。

みなさんは気づいたと思いますが、この三つの道で依存症者が救われるのは二つ目の道だけなのです。ただ、憶《おぼ》えておいてください。私やダルクが今まで関わった多くの人たちの中で、本当にドラッグを止めることのできたのは約三割だけです。残りの三割は再度乱用し、また三割は精神病院か刑務所に入り、哀しいことに一割は死んでいます。

シンナーを止めるために、やっと病院へ入院することを決意した少年は、入院する日の前日に「さよならシンナー」と称して仲間二人と公園でシンナーを乱用し、ふらふらと道路にさまよい出てしまい、ダンプカーにはねられ、短い一生を終えました。

また、ある青年は覚せい剤を止めることのできない自分自身の哀れさと親や恋人にかけた苦しみの重さから、死によって逃れる道を選びました。このほかにも、私は多くの大切な若者を死神によって奪われました。

みなさんはどの道を選びますか。

✴ドラッグに興味を持っている人へ

ドラッグに興味を持っている人は少なくないと思います。私にはみなさんに「ドラッグに興味を持つな」などと言う資格も権利もありません。ただ、お願いがあります。ぜひ、この本をもう一度読み直し、ドラッグについての正確な知識を持ってください。

そして、

「一度くらいやってみようかな」

という欲望が芽を出してきたときに、この本を思い出してください。そして、ドラッグの乱用がみなさんの人間関係や将来にどれだけ多くの「哀しみ」をもたらすかを思い出してください。

たぶん、みなさんのこれからの人生で、親しい仲間から、

「一緒にこれやんない？　いいぞ」

などと誘われることがあるでしょう。その時は、

「いいよ。やんないよ」

あるいは、

「嫌だよ」

と、断わる勇気を持ってください。また、できれば、

「君もよそうよ」

と、仲間を止める勇気を持ってください。それでもまだ、ドラッグを勧《すす》めてくるようでしたら、その仲間とは付き合いを止めてください。その人は仲間でもなんでもありません、みなさんを破滅へと導《みちび》こうとしている悪魔です。

私が今、悪戦苦闘している、ドラッグを乱用してしまった若者のほとんどが、仲間に勧められて、「一度くらいなら」とドラッグに手を出し、苦しんでいます。彼らに聞くと、

「一度くらいなら止められると思って」

とか、

「やらないと仲間外《はず》れにされるから」

という理由で手を出してしまったと言います。そしてみんな、例外なく苦しんでいます。また、ドラッグを勧めた仲間を恨《うら》んでいます。

今やドラッグを手に入れることは簡単ですし、ましてそれを乱用することは小学生でもできます。しかし、一度ドラッグを乱用してしまったら、それから手を切ることはとても難しいのです。

✴ドラッグなんて、自分には関係ないと思っている人へ

この本を読むほとんどのみなさんは、「ドラッグなんて、自分には関係ない」と思っているでしょう。でも、本当にそうなのでしょうか。今や、みなさんの周りに考えられないような多くの種類の多量のドラッグが、その魔の手を広げています。暴力団員や薬物中毒者だけが「売人」なのではありません。みなさんの仲間の一部がすでに暴力団からドラッグを仕入れ、みなさんに売ろうとしています。

これは東京や横浜、名古屋や大阪などの都市部だけのことではありません。猛烈な勢いで地方都市へとドラッグが広がっていっています。もし、ドラッグから安全な場所があるとしたら、それは暴力団員が一人もいない地域だけでしょう。みなさんの生活するところはどうですか。ぜひ、周りの大人に、その地域に暴力団の組が存在する

かどうか聞いてみてください。もし暴力団の組が存在すれば、もうみなさんのすぐそばまでドラッグの魔の手が近づいてきているはずです。いや、もう来ているかもしれません。

これまでにもドラッグは、覚せい剤の場合、「疲れのとれる薬」「眠くならない薬」とか、「S」「スピード」「アイス」「やせ薬」と、マリファナの場合、「ハッパ」「チョコ」などと名前を変え、みなさんに近づいてきました。一部の新しいドラッグは、なんと「脱法ドラッグ」などという名前を付けられています。これからもその姿と名前をどんどん変えながら、みなさんをその魔力のとりこにしようと近づいてくるでしょう。

みなさんにお願いがあります。みなさんがこの本で知ったドラッグについての知識を、一人でも多くの仲間に伝えてください。そして、大切な仲間をドラッグの魔の手から守ってあげてください。

✷笑顔を忘れた寂しい人へ

今、日本はバブルがはじけたとはいえ、今までの日本の歴史から見ても考えられないような繁栄の中にいます。しかしその一方で、多くの大人も、若者も、自分を見失い、その日その時の楽しさを求め、「遊び」に狂っています。

この傾向が最も激しいのは高校生のように思えます。今、多くの高校生が、アルバイトをしています。そして、アルバイトで得たお金でさまざまな「遊び」をしています。その結果、生活の中心が学校から「放課後」や「夜の街」へと変わってしまっています。そして多くのものを失っています。

これは決して高校生たちが悪いのだとは、私は思いません。当然、高校生たちをいつでも首の切れる、安く使える労働力として雇う大人たちに問題があります。一部の大人たちは自分の欲望のはけ口として、女子高校生たちをもてあそびます。私はこのような大人たちを憎みます。そして、このような大人たちに簡単にだまされている若者の多さに悲しくなります。

その「遊び」のための道具として、その一瞬だけならば、ドラッグは最高のものです。これ以上楽しくかつ気持ちよく快感をもたらす「遊び」は、この世には存在しないでしょう。なんの努力や苦労をすることもなく、あっという間にみなさんを天国へと運んでいきます。もう、みなさんはわかっていると思いますが、その後には何が待っているのでしょう。その人の一生を貫《つらぬ》く「哀しみ」です。

人間は「遊び」続けて生きていくことはできません。また、まじめに生きることをしないで「遊び」続けることは、その人の心にむなしさしかもたらしません。

これは確実に言えます。今、みなさんがドラッグに限らず、さまざまな「遊び」をすることは、これからのみなさんの長い人生を考えると、得るものよりも失うもののほうがはるかに多くなります。言い換えれば、今楽しく遊べば遊ぶほど、将来つらく苦しくなるのです。

私はみなさんに「笑顔で明日を夢見る人」になってほしいと心から望んでいます。人は生きている限り、必ず明日を迎えます。ぜひ「哀しみ」の明日を迎えないために、今日一日を笑顔で過ごしていきましょう。みなさんが幸せな人生を過ごされることを心から望んでいます。

また、私は仕事がら多くの薬物依存症者のための自助グループや専門病院を訪れます。そこで出会うのは、哀しいことに、ほとんどすべてみなさんのような若い依存症者です。年をとった依存症者に出会ったことは、まだ一度もありません。これはどうしてかわかりますか。

ドラッグはどのようなものであれ、確実にその乱用者の寿命を縮めていきます。ドラッグを乱用する者には明日はないのです。ドラッグはその乱用者の心に大きな傷を残し、そして、そのからだに一生消えない害を与えます。

みなさんにお聞きします。みなさんは毎日楽しく幸せな日々を過ごしていますか。私は、この本を読むみなさんよりたぶん二倍以上の人生を生きてきています。ですから、ちょっとえらそうに一言言わせてもらいます。

本当の楽しさや幸せとはなんでしょう。これは人によって違うと思います。でも、これだけは言えます。本当の楽しさや幸せは、他人から与えられたり、ドラッグやお金などによってもたらされるものではありません。自分自身が努力して作り出していくものです。

今、多くの若者たちが、楽しさや幸せがどこかからやってくるのを空《むな》しく待っているような気がします。確かに、つかの間の楽しさや幸せは日々の仲間との夜遊びや馬鹿騒ぎでも手にすることはできるでしょう。また、ドラッグを乱用すれば、確実に手に入ります（最初だけですが）。でも、その後には底のない寂しさが襲ってきます。

携帯電話で一晩中メールのやり取りをする若者の姿に、私はこの寂しさを見ます。

救いのない寂しさを。そして、その寂しさから逃《のが》れようと、多くの若者はさらに日々の快楽へと走っていきます。これは寂しさの無限《むげん》の連鎖《れんさ》です。

ここに今、ドラッグが入り込み始めているのです。

ドラッグは笑顔を忘れた寂しい人を特にねらいます。笑顔をすでに忘れてしまったみなさんは特に注意してください。そして、すぐにでも笑顔を取り戻してください。

笑顔を取り戻すことは本当に簡単です。ちょっとだけ自分の心をやさしくして、美しいものを見、善いものにふれてください。それは小さな野の花でも、素晴らしい映画でも、やさしさにあふれる人や本でも、なんでもいいです。

みなさんの周りを見渡せば、確かに醜《みにく》いものや悪《あ》しきものが氾濫《はんらん》していますが、まだまだたくさん身をひそめながらでも、美しいものや善いものがみなさんを待っています。そして、それらと出会い、たとえ一時《いっとき》でも側《そば》にいることは、みなさんの心を洗い、笑顔を取り戻してくれるでしょう。

最後にお願いがあります。

私は今、多くの薬物依存症の若者たちとともに生きています。確かに、彼らは薬物を乱用するという過《あやま》ちを犯しました。また、その過程で多くの人を傷つけたり、犯罪を犯したりしました。でも、彼らは決して特別な悪者ではありません。みなさんと同じ普通の若者なのです。

彼らの中には、薬物依存症から血を吐くような苦しみと忍耐で回復し、社会復帰しようとしている若者も多くいます。しかし、社会やみなさんを含めた多くの人たちは、彼らに対してあまりに冷たいことが多いのです。彼らを人生の敗北者として差別したり、危険な人間として疎外《そがい》します。

ぜひ、みなさんは彼らに対するやさしさと、彼らを仲間として受け入れる心を持ってください。人はその人生において、だれでも過ちを犯します。しかし、その過ちを反省し、償《つぐな》ったならば、もう一度人生を幸せに生きる権利を持っているのです。

おわりに

この本の元になっている『さらば、哀しみのドラッグ』は、日本で数少ない、子どもたちのために書かれたドラッグについての教育書として、多くの子どもたちに読んでもらえました。また、多くの学校や少年院、少年鑑別所などの施設で、ドラッグについての教科書として使っていただけました。私は、『さらば、哀しみのドラッグ』を出版したとき、もう二度とこのような本を書くことがないことを願っていました。このような本の必要のない、子どもたちが笑顔で明日を求めて生きる時代こそが、私がこころから求めているものだったからです。

しかし、残念ながら子どもたちを取り巻く環境はさらに悪化し、ドラッグの問題もさらに深刻化しています。そのため、今回のこの本を出版することとなってしまいました。哀しいことです。

私の関わった若者たちは、もうドラッグをからだと心で知ってしまいました。彼らには「さらば、哀しみのドラッグ」ということばは存在しません。ただ、日々ドラッグとたたかい続ける人生だけが死に至るまで続いていきます。

私にもこの「さらば、哀しみのドラッグ」ということばは存在しません。私はドラッグに苦しむ若者たちとともに生きる道を選びました。そして、多くの若者たちをドラッグによって奪われました。私はこれからも日々ドラッグとたたかっていかなくてはなりません。

しかし、まだ、ドラッグに関わっていないみなさんには、ドラッグのことなんてまったく考えることもなく、生きていくことのできる可能性があります。どうぞドラッグに近寄らず、ドラッグの魔の手をふりはらい、笑顔で幸せな人生を過ごしてください。

私はこの本を、これまでのすべての私の経験と知識をもとに、私の知っているすべてを書きました。ですから、一部の人たちから「ここまで若者に知らせてしまったら、かえって若者がドラッグに興味を持ってしまう」と批判されるだろう内容も、正直に書いてきました。確かに、この本はこれからドラッグを乱用してみようと考えている若者にとってのよい教科書ともなる可能性もあります。みなさんがこのような意味で、この本を使わないでくれることを祈っています。

ドラッグは、人がこころに哀しみや怒り、寂しさやあきらめなどの隙間《すきま》をもってしまったときに、忍び寄ってきます。幸せな人、明日に夢を見る人には近づいてきません。子どもたちにお願いです。いつも、美しいものにふれ、優しさを配り、明日を夢見てください。ドラッグが最も恐れ嫌うのは、笑顔です。いつも笑顔を。

最後に、この本の出版を快く引き受けてくださった高文研のみなさん、特に真鍋かおるさんに心から感謝します。

二〇〇七年九月

水谷 修

水谷　修（みずたに・おさむ）

1956年、神奈川県横浜市生まれ。上智大学文学部哲学科を卒業。83年に横浜市立高校教諭となる。92年から同市立定時制高校に勤務、2004年９月に高校教諭を辞職。高校在職中から、青少年の非行問題、薬物問題に取り組み、「夜回り」と呼ばれる深夜の繁華街におけるパトロールを続けてきた。高校教諭辞職後も、全国の子どもたちから寄せられるメール・電話相談に答えながら、講演活動で全国各地をまわっている。

主な著書：『さらば、哀しみの青春』『さらば、哀しみのドラッグ』（以上、高文研）、『ドラッグ世代［新装版］薬物汚染と闘う夜回り先生』（太陽企画出版）、『夜回り先生』『夜回り先生と夜眠れない子どもたち』『こどもたちへ』『夜回り先生のねがい』（サンクチュアリ出版）、『さよならが、いえなくて』『夜回り先生の卒業証書』『夜回り先生　こころの授業』『あした笑顔になあれ』『あおぞらの星』（以上、日本評論社）ほか多数。

増補版　さらば、哀しみのドラッグ

●一九九八年一一月一五日――初　版第一刷発行
●二〇〇七年一〇月一五日――増補版第一刷発行

著　者／水谷　修

発行所／株式会社　高文研
東京都千代田区猿楽町二―一―八
三恵ビル（〒一〇一＝〇〇六四）
電話　03＝3295＝3415
振替　00160＝6＝18956
http://www.koubunken.co.jp

組版／WEB D（ウェブ・ディー）

印刷・製本／株式会社シナノ

ISBN978-4-87498-392-8　C0037